Gustav von Schmoller

Rede über Strassburgs Blüte

und die volkswirthschaftliche Revolution im XIII. Jahrhundert

Gustav von Schmoller

Rede über Strassburgs Blüte
und die volkswirthschaftliche Revolution im XIII. Jahrhundert

ISBN/EAN: 9783743657533

Hergestellt in Europa, USA, Kanada, Australien, Japan

Cover: Foto ©ninafisch / pixelio.de

Weitere Bücher finden Sie auf **www.hansebooks.com**

DER RECTORATSWECHSEL

AN DER

UNIVERSITÄT STRASSBURG

AM 31. OCTOBER 1874.

JAHRESBERICHT

erstattet

VON DEM PRORECTOR DR. HOPPE-SEYLER

o. Professor der physiol. Chemie.

REDE

über Strassburgs Blüte und die volkswirthschaftliche Revolution
im XIII. Jahrhundert

gehalten

VON DEM RECTOR DR. GUSTAV SCHMOLLER

o. Professor der Staatswissenschaften.

STRASSBURG.
KARL J. TRÜBNER.

LONDON.
TRÜBNER & COMP.
1874.

I.

BERICHT

ÜBER

DAS RECTORATSJAHR 1873—74

ERSTATTET VON

PROFESSOR DR HOPPE-SEYLER.

Hochansehnliche Versammlung!

Die Statuten unserer Universität enthalten die Bestimmung, dass der Wechsel des Rectorats nach Constituirung des neugewählten Senats öffentlich in der Aula proclamirt werde. Indem ich dieser Vorschrift Folge leiste, habe ich entsprechend dem an Universitäten auch an der unsrigen üblichen Herkommen kurz Bericht zu erstatten über die Ereignisse und Veränderungen, welche die Universität im Verlaufe des verflossenen Jahres, während dessen ich die Ehre hatte, das Amt des Rectors zu verwalten, betroffen haben.

In dem dauernden sicheren Frieden, den wir der machtvollen, energischen und milden Regierung Sr. Majestät unseres allergnädigsten Kaisers verdanken, hat auch in diesem Jahre die junge Universität Strassburg in ihrer weiteren Entwickelung kräftig vorschreiten und ihren Lehrzwecken sich ungestört hingeben können. Wir finden sie jetzt reicher an Lehrmitteln, Lehrern und Studierenden und sehen mit ruhiger Zuversicht sie weiter wachsen und sich ausbauen.

Wenn ich es unternehme im Einzelnen die Ereignisse des vergangenen Jahres zu schildern, habe ich im Uebrigen fast allein Günstiges zu berichten, aber auch schwere Verluste hat unsere Hochschule erlitten und die ersten Erinnerungen sollen den Männern gelten, welche der Tod uns entrissen hat.

Uns allen war die Trauerkunde, die sich am 21. Juli verbreitete, lange vorausgefürchtet, und doch war sie tief erschütternd, die Trauernachricht, dass Professor Bruch uns durch den Tod entrissen sei.

Zur Eröffnung der Universität Strassburg war von Sr. Majestät dem Kaiser Prof. Bruch in seinem 80. Lebensjahre zum ersten Rector der Universität ernannt worden. Seine umfassenden Kenntnisse, geistvollen Reden und umsichtige Thätigkeit hatten ihm eine allgemein anerkannte sehr hervorragende Stellung im Elsass seit längerer Zeit gegeben, wir, die wir fremd herzutraten, lernten schnell das Glück und die gute Vorbedeutung schätzen, dass seine Hände die erste Leitung der neugegründeten Universität übernommen hatten. Trotz seiner fast jugendlichen Rüstigkeit musste die Last der Geschäfte ihn bald ermüden; am 29. Juni wurde er auf seinen Antrag emeritirt; als er aber das Rectorat niederlegte, war auch die Constituirung der Universität in allen wichtigen Punkten geschehen. Obwohl die Emeritirungsurkunde ausspricht, dass er von jeder Verpflichtung zur Uebernahme von Aemtern entbunden sei, hat Bruch bis ihn die Krankheit an das Bett fesselte, nicht abgelassen, soweit es irgend seine Kräfte erlaubten, für die Interessen der Universität thätig zu sein; seine treue Sorge für das Wohl der Universität hat er bis zum Tode bewahrt und bekundet.

Ihm folgte am 18. September der auf Bruch's Veranlassung in den 40er Jahren hierher berufene Prof ssor der Geschichte und Mitglied des St. Thomasstiftes Dr. Carl August Stahl in seinem 75. Lebensjahre in das Grab. Ein unermüdlicher Forscher von ausserordentlicher Gel hrsamkeit und eifriger Lehrer fast von Jugend auf, den selbst die härtesten Schicksalsschläge von seiner Lehrthätigkeit und den einsigen Studien nicht abzubringen vermochten, erlag auch er einem längern quälenden Leiden.

Auch den Verlust eines sehr strebsamen, fleissigen und talentvollen jungen Angehörigen der Hochschule. des Stud. jur. August Friedrich Hübner aus Friesack in der Provinz Brandenburg haben wir zu beklagen. Er erlag am 17. September nach langem Siechthum einer Brustkrankheit, deren Keime bereits, ehe er die Schule verlassen hatte, sich gezeigt aber nicht die Besorgniss so baldiger verderblicher Entwickelung erregt hatten.

Bedeutende Verluste haben in diesem Jahre unserer

' Universität durch sehr ehrenvolle Berufungen von Docenten an andere Hochschulen gedroht: mit wenigen Ausnahmen ist sie ihnen durch die thätige auf die kräftige Entwickelung unserer Universität stets bedachte Fürsorge der hohen Behörden, sowie durch die Treue und Anhänglichkeit, welche die Docenten selbst ihr bewahren, und für welche ihnen der feierliche Ausdruck dankender Anerkennung von den Commilitonen zu Theil wurde, entgangen. Hr. Prof. v. Holst ist einem Rufe nach Freiburg, Hr. Prof. Lexis einem solchen nach Dorpat gefolgt und vor Kurzem hat auch Hr. Prof. Schulz uns verlassen müssen, um der Universität Heidelberg nun anzugehören.

Nicht wenige Lehrer sind unserer Hochschule in diesem Jahre neu gewonnen. Hrn. Prof. Nissen von Leipzig, Hrn. Prof. Steinmeyer von Berlin, Hrn. Prof. Zimmermann von Giessen, Hrn. Prof. Merkel von Wien und Hrn. Prof. Holtzmann von Heidelberg haben wir als neue Lehrer an unserer Universität begrüssen können. Als Privatdocenten haben sich habilitirt Hr. Dr. Röntgen für Physik, Hr. Dr. Mihalkowiz für Anatomie, Hr. Dr. Luchs für classische Philologie und Hr. Dr. Zweifel für Geburtshülfe.

Herr de Segarra ist als Lector des Spanischen und Catalanischen und Herr Baragiola als Lector der Italienischen Sprache angestellt worden.

Die Anzahl der Studierenden hat eine stetige Zunahme gezeigt. Es wurden im Wintersemester 230, im Sommersemester 169 zusammen 399 Studierende immatriculirt, während im Herbst des vorigen Jahres 133 und im Frühjahr 112 die Universität verlassen hatten.

In den Arbeiten der academischen Behörden und Körperschaften haben in diesem Jahre die regste Aufmerksamkeit die Verhandlungen in Anspruch genommen, welche über den Neubau der Universitätsinstitute geführt sind.

Als ich vor einem Jahre das Amt des Rectors antrat, glaubte ich hervorheben zu müssen, wie wichtig und dringend die baldige Inangriffnahme dieser Neubauten sei, dass die ganze Universität nichts sehnlicher erwarte, und ich hätte

hinzufügen mögen, dass so manche vortreffliche Lehrmittel
verborgene Schätze bleiben, die Thätigkeit und Benutzung
der Institute eine kümmerliche bleiben müsse, bis in neuen
Bauten Raum und Licht geboten, zweckmässige Disposition
und geregelte Arbeit möglich werde. Die Schwierigkeiten,
welche der Ausführung dieser umfangreichen Neubauten im
Wege stehen und deren Bedeutung nicht von vorn herein
hinreichend gewürdigt werden konnten, sind trotz dem
geneigten fördernden Entgegenkommen, welche die Universität von allen hohen Behörden auch in dieser Angelegenheit
erfahren hat, nicht völlig beseitigt, aber es sind wichtige
Schritte geschehen, welche in nicht ferner Zukunft die Ausführung dieser Bauten in Aussicht stellen. Im Frühjahr
begab sich eine Deputation, an ihrer Spitze der Herr Cu-
rator der Universität in dieser Angelegenheit nach Berlin
und brachte uns bei ihrer Rückkehr die bestimmte Zusiche-
rung des Herrn Minister Delbrück, dass mit der Erweiterung
der Stadt auch die Universitätsbauten auf dem neu zu
gewinnenden Terrain alsbald ins Werk gesetzt werden
sollten.

Am dringendsten hatte sich das Bedürfniss von Neubauten für die Institute der pathologischen und auch der
normalen Anatomie erwiesen; es ist deshalb schon jetzt der
Bau dieser Institute in einem gemeinsamen Gebäude in un-
mittelbarer Nähe des städtischen Hospitals in Angriff genommen und wir sehen bereits die Erdarbeiten zur Vor-
bereitung des Bauplatzes im Gange.

Die Universitätsinstitute haben auch in diesem Jahre
manche wesentliche Vervollständigung erhalten, unter denselben wieder zahlreiche werthvolle Geschenke. Einen reichen
Schatz der verschiedensten für Chemie, Mineralogie und
Technik wichtiger Natur- und Industrieproducte hat das
Chemische Institut von einer grossen Anzahl von Ausstellern
der Wiener Weltausstellung des vergangenen Jahrs erhalten.
Die Bemühungen des Hrn. Prof. Rose in dieser Richtung fanden
in der Wiener Ausstellung vortreffliche Unterstützung durch
den Hrn. Dr. Raimund Schramm, Bevollmächtigten der Elsass-
Lothringischen Landes-Commission, ferner die Herren Ingenieur

Herrenhut in Wien, Generaldirector August Schuchardt in Wien, Oberingenieur Anton Jugoviz in Klagenfurt, Bergingenieur Testore in Mailand, und Dornfeld, Generalcommissär für Schweden und Norwegen. Wegen der ausserordentlich grossen Zahl der Geber und der Geschenke sehe ich mich genöthigt, davon abzustehn, die Liste derselben in extenso vorzutragen.*

Es ist ferner dem geognostisch-paläontologischen Institute von Hrn. Friedr. Baader in Frankfurt a. M. eine Sammlung von Versteinerungen aus dem Mainzer Becken übergeben. Den Stipendienfonds der Universität sind noch einige nachträgliche Beiträge zugekommen. Dem Bismarckstipendium sind noch eingesendet von Hrn. Dr. Bauer in München gesammelt 187 Frs. und 50 Cts. und von Hrn. Bankier Krause in Berlin als letzte Sendung 190 Frs. Hr. Oberpräsident v. Kühlwetter hat der Universität 500 Thlr. zur Erhöhung des Capitals des nach ihm benannten Stipendiums übersendet.

Durch § 16 des Statuts des Bismarck-Stipendiums für Strassburg wird bestimmt: „Ueber die Verleihung wird bei dem öffentlichen Akte des Rectorwechsels Bericht erstattet." Demzufolge wird Folgendes bekannt gegeben:

Bismarckstipendien haben im Jahre 1874/75 erhalten: stud. jur. Beter Breuer, Sexerin Husfeld, Joseph Hermesdorf; stud. med. Georg Moritz, Georg Kaufmann; stud. phil. Heinrich Herber, Wilhelm Wiegandt, Paul Richter, Franz Xaver Rettich, Selmar Kleemann, Adolf Faust; stud. theol. Christian Benzing, Georg Fuss; stud. jur. Heinrich Albert Maurer, Ernst Croissant; stud. med. Johann Pistorius, Ernst Reich; stud. phil. Heinrich Zimmer, Joseph Hilsenhaus, Paul Kannengieser, Georg Rink, Ewald Gnau.

Die Max Müller'sche Preisstiftung für Arbeiten auf dem Gebiete der Vedischen Literatur ist nach Genehmigung der Statuten durch ihren Stifter ins Leben getreten und eine Preisaufgabe ist zum ersten Male aufgestellt und publicirt.

Auf Requisition des Kaiserlichen Bevollmächtigten ist

---

* Verzeichniss im Anhang.

von der Französischen Regierung die Preisstiftung von Lamey,
verstorbenem Richter am Tribunal in Strassburg, einem bekannten geistvollen Manne, bestehend aus einem Capital
von 12000 Frs. in französischer 3procentiger Rente zurück-
gegeben, zugleich mit den bezüglichen Acten und dem Bilde
des Stifters, welches letztere im Rectoratszimmer aufgestellt
ist. Da die früheren Statuten dieser Stiftung datirt vom 13. Juli
1863 bezüglich der Wahl der Preisrichter und Aufstellung
der Preisfragen, welche aus den Gebieten der Kunst,
der Literatur und der Verbesserung der gesellschaft-
lichen Zustände nach dem Testamente des Stifters von 1854
gewählt werden sollen, auf unsere deutsche Universitäts-
einrichtungen nicht passten, hat nach Aufforderung des Herrn
Oberpräsidenten von Elsass-Lothringen der Akademische
Senat Anträge bezüglich der nöthigen Veränderungen gemacht,
denen die Genehmigung durch den Herrn Oberpräsidenten zu
Theil geworden ist.

Als im December des vorigen Jahrs die Regelung der
Pensionsverhältnisse der Reichsbeamten vollzogen war, ergab
sich die Nothwendigkeit alsbaldiger und zwar gesonderter
Feststellung der Pensionsverhältnisse der Wittwen und Waisen
der Professoren der Universität, da diese in dem Beamten-
gesetze eine Berücksichtigung nicht hatten finden können.
Die von dem Plenum der Professoren aufgestellten Anträge
wurden von einer Deputation dem Herrn Oberpräsidenten
von Elsass-Lothringen und dem Herrn Minister Delbrück in
Berlin vorgelegt. Das am 25. December erlassene Gesetz,
welches die Pensionsverhältnisse der Wittwen und Waisen
der Professoren unserer Universität in sehr liberaler Weise
feststellt, hat der Universität einen weiteren deutlichen Beweis der steten Fürsorge der Kaiserlichen Regierung gegeben.

Die Disciplinarcommission des academischen Senats hat
nur in seltenen Fällen nöthig gehabt zusammenzutreten und
nur in einem Falle unüberlegter thätlicher Beleidigung eines
Commilitonen hat sie sich gezwungen gesehen auf strenge
Bestrafung zu erkennen und die Verweisung von der Universität auf 1 Jahr ausgesprochen.

Entsprechend den Bestimmungen der Statuten wurde von der Plenarversammlung der Professoren am 1. August zur Wahl des neuen Rectors geschritten. Herr Professor Dr. Schmoller wurde gewählt, und Se. Majestät der Kaiser haben diese Wahl unter dem 21. August zu bestätigen geruht. Am 1. October hat die Uebergabe der Geschäfte stattgefunden.

Seit mir die Ehre zu Theil geworden, Rector dieser Universität zu werden bis ich aus diesem Amte geschieden bin, habe ich in allen Bestrebungen, welche die Ordnung, Würde und Erhöhung der Leistungen der Hochschule erheischten, stets die bereitwilligste und freudige Unterstützung der Docenten wie der Studirenden gefunden, dies giebt mir die Ueberzeugung, dass der neuernannte Rector Herr Professor Schmoller, den ich jetzt ersuche diese Stelle einzunehmen, mit festem Vertrauen auf unser aller begeisterte Mitwirkung für das Wohl der Universität diese leiten werde zu ihrem besten Gedeihen.

A N H A N G.

VERZEICHNISS

der Schenkgeber und Geschenke, durch welche die technologische Sammlung des chemischen Laboratoriums binnen Jahresfrist bereichert wurde.

1. Anilin- und Sodafabrik Ludwigshafen am Rhein und Stuttgart, Sammlung ihrer Producte.
2. Direction der chemisch-technischen Fabrik bei Elbogen (Alfred Neuss) Mustersammlung von Lüster- und Porcellanschmucksachen.
3. Paul Dobel in Boryslaw, Galizien, Erdwachsproben.
4. Michael Huber in Haidhausen bei München, Proben von Lochperlen.
5. Julius Pintsch in Berlin, ein Gasmesser mit Glaswänden.
6. Schaaff & Lauth in Strassburg, Proben von Krapp-Extracten.
7. Joh. David Starck'sche Berg- und Mineralwerks-Direction Kasnau. Proben von Kohlen, Erzen und Apparaten
8. Joh. Dav. Starck'sche Glasfabrik Tremosna, Glasschale zur Erläuterung der Tafelglasfabrikation.
9. Heidelberger Ultramarinfabrik, Ultramarinproben.
10. Winsener Wollfabrik in Winsen an der Luhr, Kunstwollproben.
11. Meister, Lucius und Brüning in Höchst am.Main, Anthracen- und Alizarinproben.
12. Gräflich·Stolberg - Wernigerodische Factorei, ein Schild in Eisenkunstguss.
13. Carl Jäg r in Barmen, Anilinproben und Safflor-Extract.
14. Julius Gessert in Elberfeld, Anthracen- und Alizarinproben.
15. Direction der Action-Gesellschaft für Gas- und Wasseranlagen in Berlin, Proben von Kunstguss aus Zink
16. Erste österreichische Seifensieder-Gewerks-Gesellschaft in Wien, Stearin- und Glycerinproben.
17. Joseph Besche in Smichow bei Prag, Zuckerformen.

18 C. Blumberg & Comp. in Oberhausen an der Ruhr, Producte der trockenen Destillation.

19. Burxdorfer Glashüttenwerke, Tafelglasproben in verschiedenen Stadien.

20. Chemische Fabrik auf Action, vorm. C. Schering, Berlin, Präparate.

21. Commanditgesellschaft der Stift Admontschen Blechfabrik in Trieben, Bleche mit Moirée métallique.

22. Henry Constantin & Co. in Plaine de Valsch, Modell eines Glasdrückofens.

23 Richard Dietrich in Freiburg, Proben von Flavin und damit gefärbter Wolle.

24. Gustav Dittler & Herbst in Hamburg, Petroleumproben.

25. C. A. Du Bois.in Hirschberg, Zinnoberproben.

26. St. Égydy und Kindluhgsch, Eisen- und Stahl-Industrie-Gesellschaft in Wien, Drahtseilmuster.

27. Republik Guatemala, Indigoproben von Escuintla.

28. J. W. Felten & Co. in Rüsselsheim am Main, Digitalin

29. K. k. Hüttenverwaltung Brixlegg, Berghauptmann Friese, Kupferhüttenproducte.

30. Gebrüder Gienanth, Stahlwerk Kaiserslautern, Bessemerstahlproben.

31. Bergwerks-Gesellschaft Georg von Gilschis Erben in Breslau, Producte der Chamottefabrik in Brodwin,

32. Glashütte vormals Gebr. Sigwart in Stolberg bei Aachen, Schmelzglasproben.

33. Gutehoffnungshütte, Action-Verein zu Sterkrade in Rheinpreussen, Eisenhüttenproducte.

34. Gutsche & Co. in Hamburg, Sammlung verschiedener Oele und Fette.

35. Gebrüder Rossié in Süchteln, Rheinpreussen, Sammt-Farbenkarten.

36. Erlaucht. Graf Harrach'sche Eisenwaaren- und Blechfabrik zu Janowitz, Eisenblechproben

37. Haupt & Lange in Brieg, Quarzschiefer und Dinas-Steine.

38. Hochstetter & Co. in Wien, Sammlung von Erdwachsproben.

39. S. F. Holtzapfel in Grub bei Coburg, Farbenproben.

40. Georg Hüper & Co. in Iserlohn, Phosphorbronze.

41. Hüttenberger Eisenwerks-Gesellschaft in Klagenfurt, Mineralien und Erze.

42. C. P. Hugueull .in Breslau, Krapp- und Rötheproben.

43 K. k. Oberbergamt Idria, Oberbergdirector Lipold, Quecksilberhüttenproducte.

44. Innerberger Hauptgewerkschaft, Generaldirector Schuchardt, Erze und Hüttenproducte.

45. Kade & Co in Sorau, Mustersortiment von Pressspänen und Brandpappen.

46. Wilhelm Kruse in Stralsund, Stärkeproben.

47. Krainische Industrie-Gesellschaft in Laibach, Proben von Rauxit und Ferromangan.

48. Lentze in Einbeck, Coupée-Heizkohle.
49. Ludwig Mark in St. Petersburg, Lackfarbentafeln.
50. Morand & Co. in Gera, Wollgarnfärberei-Proben.
51. Friedrich Müller in Eisleben, Chlormagnesium.
52. J. W. Paap in Altona, alte und Neu-Wollgarnfarben.
53. Adolf M. Pleischl in Wien, Proben von emaillirtem Eisenblech.
54. K. Preuss. Handelsministerium durch Geh. Reg.-Rath Möller, Zeichnungen eines Gas-Porzellanofens.
55. R. Hasenclever, Director der Actiengesellschaft Rhenania in Stolberg bei Aachen, Modelle von Schwefelkies-Röstöfen
56. Rehmsdorfer Mineralöl- und Paraffin-Fabrik in Zeitz, Mineralöle.
57. A. Riebeck in Halle an der Saale, Paraffin, krystallinirt.
58. Dr. B. Hübner in Zeitz, Producte der Braunkohlen-Destillation.
59. Camill Fürst Rohan'sche Fabrik Darenitz-Svijan, Kartoffelstärke-Producte.
60. F. A. Sarg's Sohn & Co. in Liesing bei Wien, Colletion zur Veranschaulichung der Fabrikation von Stearin und Glycerin.
61. Wilhelm Sattler in Schweinfurt am Main, Mineralfarbensammlung.
62. Dr. Jos. Schorm in Wien, seltene Metalle und Präparate.
63. Schumacher'sche Fabrik Bietigheim, künstliche Schleifsteine.
64. J. von Schwarz in Nürnberg, Speckstein-Gasbrenner.
65. Fürst Schwarzenberg'sche Bergwerks-Direction Schwarzbach. Graphitproben.
66. Siwniger Mosaikplatten- und Thonwaaren-Fabrik, Mosaikproben.
67. J. C. Söding und Halbach, Hagen in Westfalen, Proben von Guss- und Raffinirstahl.
68. Gbr. Steiner in Graz, Gerbematerialien.
69. Steierische Eisenindustrie-Gesellschaft, Converter-Fehren und Härte-Stahl der Bessemer-Hütte.
70. P. Suchow & Co. in Breslau, Modell einer Petroleum-Gasanstalt.
71. Supf & Klinger in Nürnberg, Rauschgold, Blattmetall und Bronzen.
72. Torfwerk Kolbermoor in Oberbayern, Presstorf.
73. H. J. Vygen & Co. in Duisburg, Gussstahlschmelztiegel und feuerfeste Steine.
74. Veit Weil in Oberdorf, Station Bopfingen, Leim.
75. Winkler & Sohn in Rochlitz, Merinoproben.
76. Joh. Zeller in Zürich, Seidenfärbeproben.
77. Wetzel & Reissmann in Plagwitz-Leipzig, Farbhölzer, roh und gemahlen.
78. J. F. Conradty in Nürnberg, Sammlung von Bronze-Farben
79. Friedrich Siemens in Dresden, Proben von krystallisirtem Glas.
80. Julius Pfungst in Frankfurt am Main, eine Naxos-Schmirgelscheibe.
82. Kupfergewerkschaft Bürgstein, Cementkupfer.

83. Kali-Bergbau- und Salinenbetriebs-Gesellschaft Kalusz, Sylvin und Krinit-

83. Johann Blechmann in Mürzzuschlag, Stahlhärteproben.

84. Fürst Paul Demidoff in Nischni-Tagilsk, Perm, Proben von Schwarz- und Garkupfer.

85. Gesellschaft der Murajewnascher Kohlengruben, Maschinenöle.

86. Joh. Bersohn & Co. in Warschau, Zuckerproben

87. Gebr. Hordliczka in Czechy, Ueberfanggläser.

88. H. C. van Heschkelom u Co. in Utrecht, Klinker.

89. Kinkiang in Canton, eine Porzellanvase.

90. Se. Königl. Hoheit Ismael Pascha, Vice-König von Aegypten, Produkte aus dem Soudan.

91. C. R. Ulff in Wikmannshyttau, Proben von Erzen und Uchatins-Stahl.

92. C. J. Ohlsson in Riddarhyttau, Hochofenschlacken

93. A. Keller in Schisshyttau Smedjebaken, Spiegeleisen

94. Wisby Tändsticker Fabrik, Proben von Zündhölzern.

95. Motala Tändsticker Fabrik, Holzdrähte.

96. James A. Lee in Göteborg, Holzstoffe und Holzpapier.

97. Ch. Christopherson in Christiania, Holzmasse.

98. Ringerigs Nickelwerk in Norwegen, Nickel- und Chromerze.

99. T. J. Bruncel in Gent, Chemische Präparate.

100. M. Singer in Tournay, Naphtylaminfarben.

101. Peter Meardi in Retorbido, versponnene Abfallseide

102. Fortunato Bufalini in Florenz, Oelseife.

103 Friedrich Graf von Sarderel in Livorno, Rohe und gereinigte Borsäure sammt Nebenprodukten.

104. Königl. Italienische Staatsbergwerke, Erze aus Sardinien.

105. Spanische Ausstellungscommision, Steinsalz aus Cardona.

106. Leopold Bachmayer in Wien, Proben von Nola-Mosaik.

107. Carl Julius Wolff in Gross-Gerau, Palmkerne und Fette.

108. Paul Zoef in Berlin, Zeichnungen von Ziegelöfen.

109. Erlaucht Graf Harrach'sche Glasfabrik in Neuwelt, Millefloris-stäbe.

110. Isidor Braun's Söhne in Vöcklabruck, Stahlwaaren.

111 Thomas Whitwell in Stockton-au-Fees, Zeichnung von Wind-Erhitzungen.

112. C. Tottie, Stora Kopparberg in Falun, Berg- und Hüttenprodukte.

113. David et Raynaud in Moustier-sur-Sombre, Natronsalze.

114. Ravené & Sussmann in Berlin, Email cloisonné.

Ermässigungen der Preise liessen zu Gunsten der Universität eintreten:

1. J Aders in Neustadt-Magdeburg, Vacuum-Modell.

2. Julius Zottmann in Chlumetz, Zeichnungen von Torfverkohlungs-öfen.

3. Ludwig Küntzelmann in Dresden, Seifen.
4. Jäger & Co. in Leyden, Kerzendochte.
5. Frat. Sega in Brescia, Rohseidenproben.
6. Carl Klein in Wien, Messingproben.

Ausserordentlich grosse Dienste wurden der Universität bezüglich obiger Erwerbungen geleistet von den Herren:

Dr. Raimund Schramm, Bevollmächtigter der Elsass-Lothringen Landescommission bei der Wiener Welt-Ausstellung.

Ingenieur Bernhard Herrnhut in Wien.

Generaldirector August Schuchardt in Wien.

Oberingenieur Anton Jugoviz in Klagenfurt.

Bergingenieur H. Testore in Mailand

Danfled, General-Commissär für Schweden und Norwegen.

II.

REDE

ÜBER

STRASSBURGS BLÜTE UND DIE VOLKSWIRTHSCHAFTLICHE REVOLUTION IM XIII. JAHRHUNDERT

GEHALTEN VON

PROFESSOR D.R. GUSTAV SCHMOLLER.

Hochgeehrte Versammlung!

Indem ich das Rektorat aus der Hand meines geehrten Vorgängers übernehme, habe ich nach der Sitte deutscher Universitäten mich in dieses Amt durch eine akademische Rede über einen wissenschaftlichen Gegenstand feierlich einzuführen.

Man pflegt bei dieser Gelegenheit über den allgemeinen Stand derjenigen Wissenschaft, die man selbst vertritt, Bericht zu erstatten oder greift man in die Geschichte dieser Wissenschaft zurück, soweit sie speciell mit der Geschichte der eigenen Universität zusammenhängt. Wenn · ich beides vermeide, so leitet mich dabei der Gesichtspunkt, dass eine Auseinandersetzung mit den politischen und socialen Parteien des Tages bei solchen Betrachtungen unvermeidlich wäre, und dass eine solche bei Gelegenheiten wie die heutige und speciell auf dem Boden, auf dem wir hier stehen, besser vermieden werde.

Und so möchte ich Sie bitten mir einen Moment in eine Epoche der Geschichte zu folgen, die jenseits alles Parteihaders des Tages liegt, auf einen Boden und auf einen Punkt, auf den der Elsässer und der Preusse, der Strassburger und der Schwabe, der Katholik und der Protestant mit gleicher Theilnahme, mit gleichem Hochgefühl blicken kann. Ich möchte Ihnen auseinandersetzen, welche politischen und wirthschaftlichen Ursachen die erste glänzende Blüte der Stadt Strassburg herbeiführten. Nicht neue Thatsachen kann ich

2*

Ihnen freilich dabei vorführen, aber ich hoffe sie Ihnen auf Grund meiner wirthschaftsgeschichtlichen Studien in einem neuen Zusammenhang zu zeigen. Die Zeit dieser ersten Blüte Strassburgs fällt ins 13. und den Anfang des 14. Jahrhunderts. Damals wurde Strassburg eine wirkliche Stadt mit Grosshandel und Industrie; sie hat dann lange in ihrer äusseren Entwicklung stillgestanden; erst das 16. Jahrhundert zeigt dem gegenüber wieder einen wesentlichen Fortschritt.

Dass man heute noch viel mehr von dieser zweiten Blütezeit redet, ist natürlich; wir wissen von dieser Zeit viel mehr: die Reform in Kirche und. Schule, die sich damals vollzog, steht uns menschlich noch so nahe, sie berührt uns in ihren Consequenzen noch heute, ebenso wie die Blüte der hiesigen Buchdruckerei in jenen Tagen. Wir haben noch die bekannten Aussprüche von Erasmus und Bodinus, die die damalige politische Verfassung Strassburgs in überschwenglichen Worten als einzig in ihrer Art preisen; wir können uns von der breiten Wohlhabenheit der Renaissancezeit noch heute ein Bild machen, wenn wir uns die öffentlichen Gebäude, wie zahlreiche Privathäuser von aussen mit grossen Gemälden und mit Holzschnitzerei aller Art verziert denken, wir begreifen, dass die Touristen und Gesandten jener Tage die Stadt als die *urbem omnium pulcherrimam* bezeichnen.

Viel blasser ist das Bild, das wir uns von dem Strassburg des 12. und 13. Jahrhunderts machen können; — wie im Nebel nur steigen die Gestalten vor uns auf; — aber welch grossartige Gestalten sind es und was haben sie geschaffen! diese Stadt, dieses Münster, diese ganze unvergleichliche Werde- und Blütezeit der Staufer, der deutschen Poesie, der deutschen Städtegründung. Die Zeit, von der wir zu reden haben, ist diejenige, da das Oberrheinthal der Mittelpunkt und die Herzkammer des mächtigsten europäischen Staates war, da die rheinischen Bischofstädte und die staufischen Burgen die Sitze der höchsten Cultur germanischer Zunge waren, da von hier aus nicht blos Deutschland, sondern eine halbe Welt regiert wurde, da Jahr für Jahr fast die deutschen Kaiser im Elsass weilten, in diese Stadt ein-

kehrten, Tage und Wochenlang hier verweilten, die hohen
kirchlichen Feste hier feierten; — es ist die Zeit, da Gottfried
von Strassburg der erste jedenfalls der feinste und tiefste deutsche
Dichter, da Erwin von Steinbach der erste deutsche Künstler
und Baumeister war, da der grösste Denker des Mittelalters
Albertus Magnus hier lehrte; es ist die Epoche, die damit abschliesst, dass nach den Zeiten der entsetzlichen Anarchie die deutschen Fürsten auf den Rath eines Hohenzollern Niemand Besseres
auf den deutschen Königsthron glauben setzen zu können, als
Strassburgs städtischen Bannerträger und Feldhauptmann,
jenen Grafen von Habsburg, der freilich halb Demagog halb
Landsknechtshauptmann, aber städtebeliebt und bürgerfreund-
lich wenigstens die äusserliche Ruhe für Handel und Verkehr wiederherstellte.

Lassen Sie mich, indem ich zur Sache komme, mit einem
Wort über das Strassburg der Merowinger- und Karolinger-
Zeit beginnen.

Das alte römische Argentoratus, welches etwa den Raum
zwischen St. Stephan und dem Gutenbergsplatz, zwischen Ill und
Brandgasse einnahm, war durch die Stürme der Völkerwanderung von Grund aus zerstört worden. Noch im Jahre 845,
als St. Stephan gegründet wurde, wird diese Altstadt als jedenfalls theilweise unbewohnt bezeichnet; mitten unter Schutt und
Trümmern wird das genannte Kloster gegründet. Ammianus
Marcellinus bemerkt ausdrücklich, dass nach der Zerstörung
Strassburgs und der anderen rheinischen Städte sich die Ger-
manen nicht in denselben, sondern zerstreut auf dem um-
liegenden Lande angesiedelt hätten. Der Germane hasste die
Städte, die städtischen Mauern erschienen ihm — so sagt
derselbe eben erwähnte Schriftsteller — wie die Wände eines
Grabes; der Germane war Jäger und Krieger, Landmann und
Hirte und das blieb er in der Hauptsache noch Jahrhunderte
lang, so gross sonst die technischen Fortschritte waren, die sich in
Haus und Hof desselben in der Völkerwanderung vollzogen.
Er lernte ackern und Häuser bauen, Ziegel brennen und Schiffe
construiren, er lernte in Geld tauschen und nicht blos das: es
ergriff ihn eine wahre Leidenschaft nach den edeln Metallen, seit
er gesehen, was man mit ihnen erreichen, wie man sich mit

ihnen schmücken könne. Aber der Grundzug des germanischen
Wirthschaftslebens blieb derselbe rein agrarische.*
Die ersten germanischen bäuerlichen Ansiedler Strassburgs haben wir uns so wahrscheinlich ausserhalb der rö-
mischen Stadt, wahrscheinlich in nächster Nähe derselben,
ohne Zweifel der heutigen Langgasse entlang zu denken; es
war ein allemanisches Dorf, aus dem die spätere sogenannte
Neustadt im Gegensatz zur Altstadt — d. h. den Resten der
Römerstadt sich entwickelte.** Dazu kam dann eine königliche Pfalz, ein Bischofsitz, einiger Handel, wie er der Wasser-
strasse nach Nord und Süd, dem Landweg nach West und
Ost entsprach; die Burg (d. h. Stadt) an der grossen
Strasse wurde der Ort nun genannt; die *homines ecclesiae* er-
hielten unter Karl dem Grossen sogar Zollprivilegien; die

---

* Ich glaube, dass ich mich mit dieser Anschauung in Uebereinstim-
mung mit den meisten und angesehensten unserer Rechts- und Cultur-
historiker befinde, mit Waitz, Löbell, Roth, Sybel, Sugenheim, Lange-
thal etc. Auf wesentlich anderem Standpunkte steht nur Gfrörer mit
seinen für die Wirthschaftsgeschichte des Mittelalters allerdings höchst
bedeutsamen Werken: „Gregor VII. und sein Zeitalter" und „Geschichte deutscher Volksrechte im Mittelalter". Aber so viel ich be-
kenne aus Gfrörer gelernt zu haben, so vorsichtig, glaube ich, muss er
benützt werden. Neben einer immensen Breite der Erudition neigt er
zu den willkürlichsten Schlüssen und Hypothesen; vor allem aber haben
seine Werke nur den einen Zweck, zu zeigen, wie reich und glücklich
Deutschland vor dem Conflict mit Rom unter Gregor VII. gewesen,
wie es seither zurückgegangen sei. Daher die Behauptung einer hohen
städtischen und industriellen Blüthe in der Karolinger- und Ottonenzeit,
die ich für absolut unmöglich halte. Wenn nur der zehnte Theil von
dem, was Gfrörer behauptet, richtig wäre, so erschiene z. B. die unten
näher zu erwähnende Kolmarer Beschreibung des Elsasses aus der Zeit
von 1300, die erzählen will, was seit 100 Jahren im Elsass anders
geworden, als rein unbegreiflich.
** Diese Annahme scheint mir mehr innere Wahrscheinlichkeit zu
haben, als die von Hegel (Städtechroniken, Strassburg II, S. 925) vor-
getragene, wonach die Altstadt auch in germanischer Zeit der zuerst
bebaute Theil gewesen wäre; auch die Thatsache, dass der Markt und
das Stadtgericht in der Neustadt lag, spricht für meine Auffassung;
dass der Bischof sich dann in der früheren Römerstadt ansiedelte, dort
die bischöfliche Kirche baute, ist viel begreiflicher, als dass die ersten
allemannischen Bauern das thaten.

Stadt wird in einem lateinischen Gedicht jener Zeit als *populosa* geschildert; der Export von Wein, Getreide und Eichenholz heisst es, sei das Mittel, womit sich die Einwohner prächtig gefärbte Gewänder verschaffen.

Aber wir müssen uns wohl hüten, daraus zu grosse Schlüsse zu ziehen. Wohl brachte eine königliche Pfalz und ein Bischofshof einiges Leben; aber die bischöfliche Kirche zählte damals nicht 66 Pfründen mit zahlreichen Stiftshöfen und einer solch grossartigen Naturalverwaltung wie später bei grösserem Reichthum. Und dann, was heisst damals eine *civitas populosa*? Wir müssen da alle heutigen Massstäbe bei Seite lassen. Der ländlichen Ortschaften gab es allerdings damals zahlreiche, in manchen bebauten Gegenden notorisch mehr als heute; aber sie waren sehr klein; die *villa* mochte ein paar, höchstens ein Dutzend Häuser, der *vicus* 100—200 Seelen umfassen. *Civitas* und *oppidum* bezeichnen einfach irgendwie geschlossene Orte mit etwas stärkerer Bevölkerung, aber nicht Städte im heutigen Sinne des Wortes. Man wird mir das ganz unzweifelhaft zugeben, wenn ich erwähne, dass noch im 12. Jahrhundert ein deutscher Schriftsteller die Stadt Stettin als *ingens civitas* bezeichnet, weil sie 900 Familien habe. Wir wissen ausserdem, dass Basel noch im elften Jahrhundert viel mehr einem Dorfe als einer Stadt glich, dass innerhalb der ältesten Strassburger Umwallung gegen 800 zahlreiche Felder und Gärten waren. Und so komme ich zu dem Schlusse, Strassburg habe in jenen Tagen wohl einigen Handel und Verkehr gehabt, es sei aber doch nach unsern heutigen Begriffen nur ein grosses Dorf oder eine Ackerstadt gewesen, d. h. ein Ort mit elenden einstöckigen Holzbaracken, mit fast lauter ländlichen oder bäuerlichen Wirthschaften, mit einer Bevölkerung von kaum mehr als 1000 oder 1500 Seelen.

Und bald nach dem Tode Karls des Grossen wird Strassburg, wie das ganze Frankenreich, wieder auf lange Zeit eher zurück als vorwärts gegangen sein. Die auch volkswirthschaftlich so thätige Verwaltung des grossen Frankenkönigs hatte kein dauerndes System begründet. Im 9. und zu Anfang des 10. Jahrhunderts stand im Gegentheil das germanische Wirthschaftsleben auf einer tiefern Stufe als je in der

Zeit nach der Völkerwanderung. Der Geldwerth erreichte
jetzt den höchsten, die Geldcirculation den tiefsten Standpunkt.* Aller Handel hörte fast vollständig auf. So weit
er noch existirte, vollzog er sich als roher Naturaltausch.
Naturaldienste und Naturalsteuern erscheinen wieder mehr
wie zuvor als die adäquate Form aller privat- und öffentlich-
rechtlichen Beziehungen. Die Entvölkerung Mitteleuropas
und Italiens war entsetzlich. Die Bürgerkriege, die Normanen-
und Magyareneinfälle hatten womöglich noch schlimmer gewirkt
wie die grossen Pestkrankheiten des 9. Jahrhunderts. Eine
elsässer Chronik sagt von den Jahren 876—881 allein: das
gantz Elsass starb also aus, dass man meint, der 10. Mensch
lebt nimmer; viel stett und flecken standen leer.**

Kurz, Strassburg wird, wie andere Orte, Mühe gehabt
haben, im 10. Jahrhundert unter den Ottonen nur den Standpunkt wieder zu erreichen, den es unter den Karolingern
inne gehabt. Die grosse Thätigkeit der trefflichen königlichen
Bischöfe, wie Archimbald, hatte vollauf zu thun die alten
Wunden zu heilen, unter einem verwilderten Geschlechte
wieder die ersten Bedingungen eines friedlichen Verkehrs

---

* Vergl. darüber Soetbeer in den Forschungen zur deutschen
Geschichte (I, 205 ff. II, 293 ff. IV, 241 ff. VII, S. 1 ff.) Beiträge zur
Geschichte des Gold- und Münzwesens und meine historische Entwick-
lung der Fleischpreise in der Tüb. Zeitschrift für Staatswiss. XXVII.

** Jeder Versuch, sich ein Bild von den volkswirthschaftlichen
Zuständen älterer Zeiten zu machen, muss von einer gewissen Annahme
der Bevölkerungsdichtigkeit, der Zunahme oder Abnahme der Bevölkerung ausgehen; ich habe in der eben erwähnten Abhandlung über
die Geschichte der Fleischpreise einen Versuch gemacht, das mir zu-
gängliche Material zu einem vorläufigen Gesammtresultat über die
deutsche Bevölkerungsbewegung des Mittelalters zusammenzufassen;
soweit ich seither meine Specialstudien weiter ausdehnte, habe ich in
der Hauptsache meine dort ausgesprochenen Ansichten bestätigt gefunden. Für die allgemeine Begründung derselben verweise ich auf
die dort citirten Quellen und Litteraturnachweise. — Die oben citirte
Chronikstelle steht bei Strobel, Geschichte des Elsasses I, 172 nach
Speklins mit der Bibliothek verbrannten Collectaneen. Es handelt sich
allerdings wohl nur um eine Chronik des 15. Jahrhunderts, der Speklin
die Stelle entnommen; ich führe die Stelle aber auch nicht als strengen
Beweis, sondern als Illustration für eine an sich sichere Thatsache an

zu schaffen. In den Klöstern und Klosterschulen machte man
wohl Fortschritte mancherlei Art damals; aber die Masse der
Bevölkerung wirthschaftete in alter Weise fort; das ganze
Leben der Nation blieb auch im 10. Jahrhundert ein durch-
aus agrarisches; — das hat besonders Nitzsch* in seinen
scharfsinnigen Untersuchungen über das wirthschaftliche Leben
der oberrheinischen Tiefebene jener Zeit schlagend dar-
gelegt; ich erinnere nur an den einen Beweis, den er anführt,
dass nämlich ein Ort wie Tribur zwei und ein halbes Jahrhundert lang das Centrum, sofern man damals von
einem solchen reden kann, der deutschen Reichsverwaltung
sein konnte, ohne dass irgendwie der befestigte Frohnhof
sich zu einer Stadt erweiterte, während schon für Barbarossa
es dann sich von selbst verstand, dass neben seiner Kaiser-
burg Hagenau ein städtischer Markt, Handel und Gewerbe
sich ansetzen müssten.*

---

* Preuss. Jahrbücher Bd. XXX. Der kundige Leser wird sofort
erkennen, dass und in welchen Hauptpunkten ich den Ausführungen
von Nitzsch, die er hier und in seinem Buche „Ministerialität und
Bürgerthum" niedergelegt hat, folge. Ich zweifle nicht, dass die künf-
tige Geschichtschreibung diesen hervorragenden Gelehrten, der allein,
soweit ich es kenne, sich ein klares Bild des ganzen wirthschaftlichen
Entwicklungsprocesses des Mittelalters gemacht hat, noch mehr aner-
kennen wird, als es bisher geschehen. Heusler kommt ihm in seinem
Buche über den Ursprung der Stadtverfassung weit entgegen. Auch
Hegel nähert sich ihm z. B. in seiner Einleitung zu den Strassburger
Chroniken. Meine eigene Ansicht über die Geschichte der städtischen
Verfassungsentwicklung kann ich natürlich in einer Rede, wie die hier
zum Abdruck gebrachte, nicht näher begründen. Ich kann hier nur aus-
sprechen, dass sie zwischen der Nitzschschen und Heuslerschen mitten
inne stehe. Heusler scheint mir in einigen Punkten Nitzsch gegenüber
im Recht zu sein, z. B. in Bezug auf die Geschichte des Immunitäts-
begriffs, in Beziehung auf die Thatsache, dass das bischöfliche Hofrecht
nie das hätte leisten können, was es geleistet, wenn nicht mit den
Grafenrechten die ganze öffentlich-rechtliche Gewalt mit allen ihren
Traditionen auf den Bischof übergegangen wäre; in andern aber scheint
er mir, und zwar in Folge einer zu formalen, zu wenig realistischen
Auffassung der Dinge, in Folge einseitiger oder mangelnder Studien
über die socialen und wirthschaftlichen Zustände ganz im Irrthum zu
sein. Ich halte sein Urtheil über die Stellung und den Einfluss des
städtischen Vogts in den Bischofsstädten für ganz falsch, noch für

Wenn die Thatsache aber richtig ist, dass bis tief ins 11.
Jahrhundert das ganze Wirthschaftsleben in seiner alten starren
Weise sich erhielt, so ist das auch für das politische Leben,
für die Verfassungs- und Verwaltungszustände jener Zeit von
durchschlagender Bedeutung. Ich möchte als die wichtigste
Consequenz die hervorheben, dass die Kraft der Regierung,
wie die Stellung der Kirche von ihrem Domänenbesitz ab-
hingen*, dass in der Domänenverwaltung der Kern der Staats-
verwaltung lag, dass die Domänenverwaltung ihre Signatur
aller Verwaltung, auch der der damaligen kleinen Acker-
städte aufdrückte.

Die grossen politischen Fragen der Zeit waren dem-
gemäss folgende: 1) Wie stellt sich das enorme Kirchengut
zum Reichsgut? Die Ottonen und theilweise auch die späteren
Kaiser wussten das Kirchengut in breitester Weisse für den
Reichsdienst nutzbar zu machen ohne zu den Säkularisationen
der Karlinger zurückzukehren.** 2) Wie gross ist das Reichsgut und das mit ihm zusammenfallende Gut der fürstlichen
Familie? Unter den Ottonen, wie den Saliern wächst das
Reichsgut bis in die Mitte des elften Jahrhunderts; die

falscher seine Beurtheilung der bischöflichen Ministerialität, seine Annahme, die Städte seien vorwärts gekommen, weil Altfreie vom Lande
in sie herein gekommen seien und nicht weil tüchtige staatsmännisch
gebildete Beamte an der Spitze standen. Uebrigens ist der Streit zwischen
beiden Lagern heute vielfach nur noch ein Streit um Worte. Heusler
gibt Nitzsch zu, dass Strassburg in einer gewissen Zeit einer herrschaft-
lichen Domäne, einer Abtei zum Verwechseln ähnlich gesehen habe.
Aber was Nitzsch Hofrecht mit öffentlich rechtlichen Elementen, das
heisst Heusler Uebertragung der Grafenrechte auf den Bischof mit
hofrechtlicher Färbung. Ueber die faktische Rolle, welche die tüchtige
monarchische Stadtleitung der Bischöfe für eine gewisse Zeit gespielt,
scheinen mir beide ziemlich einig zu sein.
 * Darauf weisen Roth und Nitzsch hin; beide geben auch
mancherlei Material, z. B. Roth, Beneficialwesen S. 24 9 ff., Nitzsch
Ministerialität und Bürgerthum S. 63. Manches bietet auch Gfrörer
in dieser Beziehung, z. B. eine Berechnung der Naturaleinkünfte
Ottos I. (siehe Gregor VII. Bd. I, S. 548'.
 ** Vergl. hierzu hauptsächlich: Fiker, Ueber das Eigenthum des
Reichs am Reichskirchengute, Sitzungsberichte der Akademie der
Wissenschaften, phil. hist. Klasse, Wien. Bd. LXXII, Heft 1, S. 55.

Staufer wussten sich wenigstens bis auf Philipp von Schwaben einen wachsenden Besitz, besonders in Elsass und Schwaben zu verschaffen. 3) Wie werden die Domänen verwaltet und politischen Zwecken dienstbar gemacht? Sie dienen einerseits als Grundlage einer grossen eigenen Administration, die mit Hülfe einer mehr oder weniger unfreien Bevölkerung geführt wird. Die Mittelpunkte der Domänencomplexe, die grossen Frohnhöfe sind für Könige, Herzoge und Bischöfe das Ziel einer grossartigen Hofhaltung, die mit verschwenderischer Gastfreundschaft täglich hunderte von Personen, Beamte und Gefolgsleute, Gesandte und Hülfesuchende verpflegt, die von einem zum andern Frohnhof ziehend einen nach dem andern in kurzer Zeit erschöpft; von hier aus wird regiert, von hier aus werden die Feldzüge unternommen, die Schaaren der Caballarii und Scararii d. h. die berittenen Estaffeten und Gensdarmen, wie die Tausende von Ochsenwagen für den Armeetrain haben hier ihren Sitz und Ausgangspunkt.

Daneben aber wurde ein Theil der Domänen zu Lehen gegeben; die berittenen Gefolgschaften der Fürsten, die *milites* konnten nur durch einen enormen Domänenbesitz geschaffen werden, ebenso wie die Dotirung der älteren Beamten, der Grafen und Bischöfe durch das Lehenssystem erfolgte. Die immer mächtiger werdenden feudalen Herren konnten nur durch immer neue Belehnungen bei guter Stimmung erhalten werden. Und dabei wurde, was ursprünglich ein Amtsemolument gewesen, mehr und mehr als ein erbliches Privatrecht angesehen. Besonders unter den Saliern trat eine immer weiter greifende Vergebung des Domänenbesitzes an den niederen Adel ein: auch die *milites*, nicht blos die Mitglieder des Herrenstandes fingen an sich als Nutzniesser ihrer Lehen zu eigenem Rechte zu fühlen, sich selbst den mässigen Hof- und Heerfahrten zu entziehen oder besondere Entschädigung dafür zu verlangen. Nun musste die andere Methode der Domänenverwaltung, die Selbstadministration mit einem absetzbaren Beamtenpersonal immer mehr in Vordergrund treten; immer mehr übertrug man auch militärische und politische Funktionen diesen bisher unfreien Domänenbeamten, den Ministerialen. Die Mi-

nisterialität wurde so im elften und zwölften Jahrhundert
etwas ganz anderes, als sie früher gewesen war. Der Truchsess, der Schenk, der Kämmerer, der Marschall, der Burggraf, der Meier, der Schultheiss, das wurden nun die einfluss-
reichsten Beamten am Hofe; ritterliche Lebensart, grosse
politische Auffassung, praktische Geschäftserfahrung verband
sich mit der formell noch vorhandenen Unfreiheit und mit
der Abhängigkeit des Beamten; es wurden nun die Be-
griffe „ministeralis" und „consiliarius" synonym gebraucht;
jedenfalls zeigten die Ministerialen eine Treue, eine Hin-
gebung, die der freie Herren- und Ritterstand bereits abge-
streift hatte; sie wurden dadurch im Gegensatz zum feudalen
Adel die zuverlässigen Offiziere und Generale, die geheimsten
Räthe und Minister der Fürsten und Bischöfe. Sie sind
gleichsam die Vorläufer des modernen Beamten- und Offizier-
standes; sie sind das Verjüngungsmittel für den deutschen
Staat des Mittelalters wenigstens auf einige Zeit gewesen.
Die imponirende Macht der drei ersten Staufer beruhte auf
der Thätigkeit, der Energie und dem Staatsgefühl ihrer Ministerialen und speciell ihrer elsässisch-schwäbischen Mini-
sterialengeschlechter. Die Ursachen ihrer Leistungsfähigkeit
sind in der Zeit ihrer Blüte dieselben, wie bei dem modernen Beamtenthum: hohe Bildung, hohe Intelligenz, aus-
geprägtes Staatsgefühl ohne das Nebeninteresse einer Geld-
oder Grundaristokratie, die in erster Linie für sich erwerben
und geniessen will. Später wurde das rasch anders. Der
Unterschied des Ministerialen vom modernen Beamten war
der, dass er nicht auf Geldbesoldung gestellt war, dass er
noch vollständig in das System der Naturalverwaltung hinein-
geflochten war, dass seine Stellung bald auch zu einer erblichen wurde. So kam es, dass die Ministerialen im 13. Jahrhundert mehr und mehr — besonders mit dem Verfall des
Königthums, mit der Plünderung der Staatsgewalt durch alle
die, welche Macht und Mittel dazu hatten, — in den Ritterstand
übergingen, in ihm verschwanden; sie fingen an als Verwalter
all der schönen Güter und Domänen selbst darnach zu
trachten, sich ein Stück nach dem andern als Lehen geben
zu lassen, sie fingen an Vermögen zu erwerben, wie die freien

milites; die Schwäche Philipps von Schwaben stattete hauptsächlich einen grossen Theil der staufischen Ministerialen
mit Lehen aus. Die staufischen Ministerialen wurden damit
so unbotmässig als die Herren und Ritter; der staufische
Staatsbau war damit in seinem inuersten Lebensprinzip ge-
troffen. Von 1200 an beginnt diese Entartung der Ministerialität*: gegen 1300 ist das Wesen derselben fast bis auf
den Namen verschwunden.

Wie hängen aber, werden Sie mich fragen, diese Dinge
mit der Geschichte Strassburgs zusammen? sehr enge, wie ich
Ihnen gleich zeigen werde. Die Ministerialität war es, unter
deren Leitung Strassburg eine grosse Stadt wurde. Die bischöfliche und die Reichsministerialität hing aufs engste zusammen,
so lange das Kirchengut wesentlich dem Reiche diente, die
Bischöfe wesentlich oder theilweise königliche Beamte waren.

Die Bischöfe waren königliche Beamte geworden, hatten
die Grafenrechte von den Kaisern erhalten, waren Stadtherrn
geworden, weil die Ottonen in ihnen ein Gegengewicht,
gegen den erblichen feudalen Adel schaffen wollten. Die
Bischöfe waren in den Städten so wie so die angesehensten,
die gebildetsten und gelehrtesten Persönlichkeiten, sie waren
die grössten Grundeigenthümer in der Stadt, sie hatten häufig
die frühere kaiserliche Pfalz erworben. Die kirchlichen Feste
die unter ihrer Leitung standen, hatten den ersten lokalen
Verkehr geschaffen. Die Verkaufsbuden und Wirthshäuser
standen meist auf dem Grund und Boden ihres Frohnhofes,
rings um die bischöfliche Kirche. Das geistliche Gericht
*de falsis mensuris et de omni eo, quod vulgiter meynkauf
dicitur*, d. h. das geistliche Gericht über Fälschung im
weitesten Sinne des Wortes, woraus nach meiner Ueberzeugung der grösste Theil des späteren Gewerbe- und Zunft-

---

* Eine gute Darstellung dieses späteren Auftretens der Ministerialität gibt Wohlbrück in seiner Geschichte der Altmark; auch er
setzt die beginnende Auflösung der Ministerialität etwa ins Jahr 1200
und bringt sie in Zusammenhang mit dem definitiven Sieg des Lehns-
wesens und dem Uebergang zur Geldwirthschaft.

rechtes hervorging.* hatte sich als ein unentbehrliches Organ
der Wirthschaftspolizei für diesen Localverkehr gezeigt. Die
Bischöfe hatten die Blutrache, welche bis ins 11. Jahrhundert
die städischen Gemeinwesen so sehr beunruhigt und gestört
hatte, aus den Mauern der Stadt verbannt, hatten den Stadt-
frieden geschaffen.

Kurz den Bischöfen und ihren Beamten, den Ministerialen,
dankten die rheinischen und andere Städte, dass sie von Be-
ginn des 11. Jahrhunderts an etwas zunahmen an Bevölkerung und Wohlstand, und so ist es begreiflich, dass bei dem
agrarischen Anstrich des ganzen Wirthschaftslebens, bei dem
noch überwiegenden Naturaltauschsystem der grosse bischöfliche
Frohnhof, der in Strassburg an der Stelle sich befand, wo wir
uns heute versammelt haben,** der politische und wirthschaftliche
Mittelpunkt der Ackerstadt wurde, dass auch die früher
Altfreien gewissen hofrechtlichen Diensten zu Gunsten des
bischöflichen Hofes unterworfen wurden, dass die bischöfliche
Ministerialität die Stadtverwaltung und bischöfliche Domänenverwaltung gleichmässig in Händen hatte.

Das sprechende Bild eines solchen Gemeinwesens gibt
uns das bekannte älteste Strassburger Stadtrecht, das heisst
jenes*** Weisthum, das die Rechte des Bischofs gegenüber der
Stadt feststellt. Die frühere Forschung setzte es ins 10.
Jahrhundert, die neuere übereinstimmend und überzeugend
in die erste Hälfte des 12. Jahrhunderts.† Wir sehen da
ein Gemeinwesen vor uns, das schon einen nicht unbedeuten-
den lokalen Markt- und Geldverkehr. Handel und Handwerksbetrieb hat, aber das doch nur wie ein erweiterter

---

* Ich hoffe hierüber bald eingehendere Untersuchungen, die sich
auf die ganze Entstehung des Zunftwesens beziehen, publiciren zu
können.

** An der Stelle des heutigen Schlosses (d. h. Universitätsgebäudes)
stand das bischöfliche Palatium; es hiess in der älteren Zeit stets der
Frohnhof.

*** Grandidier, histoire de l'eglise et des évêques de Strassbourg
II. diss. VI. p. 42—93. Schilter, Ausgabe von der Königshofener
Chronik S. 715—28.

† Hegel, Städtechroniken, Strassburg II. S. 924—27.

Frohnhof, wie eine riesige Domäne erscheint oder vielmehr
das sich in dem Moment uns zeigt, wo aus der Domäne eine
Stadt zu werden beginnt, wo das alte Gemeinwesen über
seinen alten Rahmen hinauswächst, wo dadurch Streitigkeiten
entstehen und so die erste Rechtsaufzeichnung nöthig wird.
Die Handwerker sind nicht mehr blose unfreie Hofarbeiter,
die in dem bischöflichen Frohnhof Arbeit und Unterhalt haben;
neben das früher ausschliessliche *cottidie servire* ist das *foro
verum venalium studere* getreten; es sind ihrer zu viel geworden; man hat ihnen erlaubt nebenher für den Markt zu
arbeiten; ihre Dienste für den bischöflichen Hof sind bereits
fixirte feste Naturalleistungen. Aber wir treffen hauptsächlich die Handwerker, die für den Hof und Fremdenverkehr
im bischöflichen Palatium wichtig sind: die Säkler, die
Schmiede, die Schwertfeger, die Becherer, die Kürschner,
die Schuster, die Gastwirthe. An der Spitze jeder Abthei-
lung dieser Handwerker steht ein bischöflicher Ministeriale,
an der Spitze aller der Burggraf. Es ist eine Dienstverfas-
sung, die in erster Linie die finanziellen Bedürfnisse des
Frohnhofes, daneben aber auch polizeiliche und militärische
Zwecke im Auge hat. Selbst die Kaufleute haben für den
Bischof zu frohnen, sie haben Botendienste zu thun, wie die
Müller und Schiffer den Bischof zu Schiff zu befördern
haben. Alle übrigen Einwohner haben wenigstens fünf Tage
im Jahr dem Bischof Herrendienste zu thun. Der Vogt ist
der oberste Richter über Blut und Leben in der Stadt; er
gehört dem Herrenstand an, erhält vom Kaiser den Blutbann,
aber wird vom Bischof ernannt. Die sämmtlichen übrigen
Beamten der Stadt sind bischöfliche Ministerialen, vom Bischof ernannt; so der Schultheiss, der eigentliche städtische
Richter, der freilich zugleich noch rein landwirthschaftliche
Verwaltungsfunktionen hat; der Burggraf ist Chef der Ge-
werbe- und Markt- und Mühlenpolizei, er hat daneben die
städtischen Befestigungen unter sich; unter dem Zöllner stehen
die wichtigsten Steuern, hauptsächlich die vom Schiffsverkehr,
während den Marktzoll vom Detailverkehr der Burggraf als
Chef der Marktpolizei erhebt; die Brücken der Stadt hat der
Zöllner mit dem Burggraf zusammen zu unterhalten. Auch

der Münzmeister und die unter ihm stehenden Hausgenossen, die Geldwechsler, die ohne Zweifel hier wie anderwärts zugleich Goldschmiede sind, gehören dem Kreise der bischöflichen Ministerialität an, wie die Domänenbeamten, die nur theilweise und flüchtig erwähnt sind: der Hofmeister, der Mühlenmeister, der Weinleutmeister etc. Diese Ministerialen sind der erste bevorzugte Stand in der Stadt; es ist keine Aristokratie des Besitzes, sondern des öffentlichen Dienstes, die freilich mit dem einträglichen Dienst mehr und mehr auch Vermögen erwirbt.

Diese Verfassung Strassburgs, die ähnlich wohl in den meisten der älteren Bischofsstädte sich wiederholt, hatte zwei Voraussetzungen: eine wirthschaftliche und eine politische. Man trug die Naturalsteuern und Naturaldienste, so lange das alte rein agrarische Leben der Stadt in der Hauptsache sich erhielt; so lange die Arbeitstheilung, der Geldverkehr, der Handel nicht zunahm, war das alles nicht zu lästig. Auf dem platten Lande hat sich ja dieses Verwaltungssystem vielfach noch Jahrhunderte lang, theilweise bis zu unserer modernen Ablösungsgesetzgebung hin erhalten. Man trug zweitens diese Lasten so lange die Dienste zugleich Reichsdienste, die Bischöfe gut kaiserlich waren, so lange die Hof- und Heerfahrt für den Kaiser wirklich die Ursache der Belastung war, wie sie in dem Stadtrecht immer wieder als solche angegeben ist.

Diese beiden Voraussetzungen änderten sich nun aber in relativ kurzer Zeit. Und daher auch in relativ so kurzer Zeit in Strassburg dieser totale Umschwung der Verhältnisse. Fünfzig oder 60 Jahre nach dem ersten Stadtrecht hat Strassburg bereits seinen Stadtrath; etwas über 100 Jahre nach demselben wirft die Stadt in der blutigen Schlacht bei Hausbergen das bischöfliche Joch ganz ab; schon vorher war die Stadt mit an die Spitze jenes ersten grossartigen Städtebundes getreten, der die ganze öffentliche Gewalt des Reichs an sich zu nehmen schien. Und rasch eilte die Stadt nun unter dem Einfluss des unerhörten politischen und volkswirthschaftlichen Umschwungs jener Höhe der Bevölkerung und des Wohlstandes zu, die ich in die Zeit von 1250 bis 1332 setzen möchte und die

naturgemäss mit der Theilnahme der populären Elemente,
der Handwerker am Stadtregiment abschliesst.

Lassen Sie mich zuerst ein Wort von dem volkswirthschaftlichen Umschwung sagen, der sich im 13. Jahrhundert
vollzog.

Die wirthschaftliche Entwicklung der Völker ist, wie
alles Leben, eine stetige niemals ruhende: aber Jahrhunderte
lang sind die Umbildungen so langsame, sie beschränken sich
so sehr auf einzelne Kreise und Gebiete, dass eine spätere
Forschung diese Epochen als Stillstand bezeichnet. Plötzlich
erscheint dann in kurzer Zeit alles verwandelt; mit fieber-
hafter Schnelligkeit stürzt sich ein neues Geschlecht in neue
Bahnen. Auch jetzt freilich ist Einzelnes, was so sehr über-
rascht, von langer Zeit her vorbereitet; nur nach Aussen erscheint es jetzt erst, weil der innere Bau eine andere Form
fordert, eine neue Schaale ansetzt.

So will ich auch nicht behaupten, die grosse volkswirthschaftliche Revolution, die Deutschland von 1150—1300
umgestaltete, habe nicht ihre Vorläufer gehabt. Längst war
Manches anders geworden, seit die Germanen ein sesshaftes
Ackerbauvolk geworden waren.* Römische Technik und
römischer Geldverkehr waren nie wieder ganz verschwunden;
successiv hatte sich eine steigende Zahl von Menschen ge-

---

* Wenn Waitz in dem eben erschienenen Bd. V, S. 350 (Verf.
Gesch.) sagt: „Handel und Verkehr haben im 10. und 11. Jahrh. einen
bedeutenden Aufschwung genommen.‘ Grosse auch von Fremden be-
suchte Märkte sind in allen Theilen Deutschlands begründet und zur
Blüte gelangt u. s w.“, so scheint er mir jedenfalls in Bezug auf das
10. Jahrhundert etwas zu viel zu sagen; aber ich gebe zu, dass an
einzelnen Stellen, an einzelnen Städten die Entwicklung vor 1150 ein-
trat; was ich behaupte, ist nur, dass die wesentliche Veränderung für
ganz Deutschland in der Zeit von 1150—1300 liege. Die Ausdrücke
institores ditissimi etc. aus jener älteren Zeit beweisen mir nicht sehr viel,
wenn ich daneben sehe, dass aller umfangreichere Handwerksbetrieb
nach 1200 fällt; die 600 Cölner *mercatores opulentissimi* zur Zeit Hein-
richs IV., welche Gfrörer gar zu 600 Millionären aufbläht, sind mir
in ihrer Zahl so wenig sicher, als die 30,000 Webstühle, die im 14.
Jahrhundert in Köln vor der Weberschlacht gewesen sein sollen, und die
durch Ennens Untersuchung auf 600—1000 sich reducirt haben (siehe
Ennen, Geschichte der Stadt Köln II, 681—82).

wöhnt, in den unheimlichen Mauern einer Stadt zu wohnen,
Handel zu treiben und zu feilschen, wie der Jude und der
hausirende Lombarde; weltliche und geistliche Wanderer
hatten immerdar vereinzelt diese oder jene Kunst von Byzanz
oder anderswoher nach Klöstern und Herrenhöfen gebracht.
Aber im Grossen und Ganzen beginnt die Aenderung erst im
12. Jahrhundert und hat ihren Schwerpunkt im 13. Jahrhundert.
Die Bewegung beginnt am Rhein und durch die Rheinstrasse. Der Grosshandel erzeugt Wohlstand und Geldverkehr; daran knüpft sich die städtische Industrie, das Wachsthum
der Städte, die Neugründung zahlloser neuer Märkte und städtischer Mittelpunkte für den lokalen Verkehr; die unerhörte Zunahme der Bevölkerung wird durch die neuen wirthschaftlichen Aussichten hervorgerufen, die Colonisation nach innen
und aussen, die intensive Landwirthschaft ist eine weitere
nothwendige Consequenz. Aus einem Bauernvolk wird ein
Volk mit Städten, Grosshandel, Gewerbe und Colonien; aus
der Naturalwirthschaft wächst die Geld- und Kreditwirthschaft
heraus. Es ist eine wirthschaftliche Revolution, die ich fast
für grösser halten möchte, als jede spätere, die das deutsche
Volk seither erlebt hat. Die beiden grossen Zeiten wirthschaftlichen und technischen Fortschritts seither, die Renais-
sance mit Pulver, Kompass und Buchdruckerei, und das 19.
Jahrhundert mit Dampfmaschinen und Eisenbahnen haben
auch wunderbar tief gegriffen; von der letztern Epoche
wissen wir noch gar nicht, wohin sie uns führt; wir sind noch
mitten in der Umwälzung begriffen. Aber doch könnte man
versucht sein zu behaupten, diese beiden wirthschaftlichen
Fortschrittsepochen seien mehr nur sekundäre Fortsetzun-
gen der Umwälzung des 13. Jahrhunderts. Man könnte
nicht ohne mancherlei Grund den Satz vertheidigen,
der Uebergang von einer Zeit, die gar keine eigentlichen
Städte kannte, zu Städten mit 50,000 Einwohnern und technischen Leistungen, wie das hiesige Münster, sei grösser, als
der Uebergang von dieser Zeit zu unsern heutigen Gross-
städten und ihren Eisenbahnhallen, Museen und Theatern.
    Von der Rückwirkung jener Revolution auf das geistige
und sittliche Leben der Menschen können wir uns nur schwer

mehr ein richtiges Bild machen; aber die Gegensätze, die in rascher Folge aus einander sich entwickeln, sind jedenfalls mindestens so gross als die in unsern Tagen, noch grösser als die in der Reformationszeit. Denken wir an die seit lange stabilen Formen des alten Klosterlebens, an die Rohheit und Ungeschlachtheit der Krieger zur Karolinger- und Ottonenzeit, an die Einfachheit des Lebens, der Geräthe, der Zimmereinrichtung in jenen Tagen; und im Gegensatz hiezu dann an die rasche Folge neuer Orden mit ganz anderer geistiger Färbung, an die gelehrten Cluniacenser, die strengen Prämonstratenser, die praktischen Cisterzienser, endlich die armen volksbeliebten, oft antipäpstlichen Bettelorden; ferner an die rasche Blüte des Ritterwesens, der deutschen Poesie, des Minnedienstes, lauter Bildungen, die bereits gegen 1300 einem bürgerlich behaglichen materialistischen Lebensgenuss, einer wesentlich andern Gesittung Platz gemacht haben. Denken wir an den rasch erworbenen Wohlstand, an den rasch zu unerhörter Ueppigkeit ausartenden Luxus der deutschen Kaufherrn, an die rasche Entstehung des älteren Zunftwesens (1150—1300), an seine Umbildung in der Zeit der Zunftherrschaft (von 1300 an), an die Erweiterung des geistigen Horizonts durch den Handel, an die rasch wachsende Laienbildung, die im Moment der höchsten Höhe päpstlicher Macht schon die letzten Consequenzen moderner Freidenkerei vorwegnimmt. Welcher Wandel, als die gebildeten Laien anfingen zu lesen und zu schreiben, wie die Geistlichen, als sie anfingen von arabischen Gelehrten am Kaiserhofe zu Palermo, von muhammedanischen und byzantinischen Kaufleuten in Palästina, in Venedig, in Constantinopel sich allerhand Neues und Wunderbares erzählen zu lassen. Welches Chaos von Anschauungen, von Sitten, von Trachten und Gebräuchen in kurzer Zeit; welches Auf- und Niederwallen gesellschaftlicher Klassen, welche Steigerung der Leidenschaften, welche Jagd nach Besitz und Gut, nach Ehre und Genuss, wie es immer in solch tiefbewegter Zeit sich entwickelt, welch roher Uebermuth, welch schnöde Klassenherrschaft neben aller Höhe idealer kirchlicher und welt-

licher Bildung! — Doch nicht hievon, von dem rein volkswirthschaftlichen Umschwung wollten wir reden.
Am Oberrhein und am Niederrhein setzte die Bewegung
zugleich ein, hier eher noch früher. Köln wurde der Mittelpunkt für den Handel mit flämischem Tuch, wie für west-
fälische und belgische Eisenwaaren; es lässt sich noch heute
verfolgen, wie im ganzen Welthandel bis tief in den Orient
das hauptsächlich aus Köln bezogene deutsche Schwert die
Damascener Klinge verdrängte. Auch am Niederrhein begann
jene Lust zu Rodungen und neuen Dorfanlagen, die von da
über die Elbe und Weser bis zur Colonisation des Slaven-
landes sich fortsetzte. Hauptsächlich aber in der oberrheinischen Tiefebene ist der Bodenreichthum des Landes der
Ausgangspunkt. Die Speiskammer, der Weinkeller, die Korn-
scheuer der umliegenden Lande, der fruchtvolle Paradies-
garten des oberen Deutschlands, das sind die Ausdrücke,
die im Volksmund wohl schon damals circulirten. Im 11.
Jahrhundert hatten die salischen Kaiser Ruhe im Lande gehalten wie nie zuvor: im 12. folgte die ausgezeichnete Verwaltung des Landes durch die Staufer, zuerst durch Friedrich den
Einäugigen, von dem das Sprichwort sagte, dass er am
Schweife seines Rosses stets eine Burg schleife, d. h. der
so viel Burgen und feste Verwaltungsstätten für seine Beamten im Lande neu gebaut, dass dadurch die Ordnung wie
nie zuvor garantirt war. Die Bevölkerung konnte jetzt wachsen, wie sonst nicht in Jahrhunderten.
Dabei nun der Einfluss der Kreuzzüge, der staufischen
Heerfahrten nach Italien. Neues Unbekanntes sahen und hörten
die Menschen plötzlich in Menge. Solchen Glanz hatten die
Uferbewohner des Rheins noch nie gesehen, wie er an den
grossen Hoffesten Barbarossas sich entfaltete, wie er sich
zeigte, als Friedrich II. mit der ganzen Pracht orientalischen
Fürstenglanzes von Sicilien her erschien. Neue Wege des
Handels schienen sich plötzlich zu öffnen. Der nordeuropäisch-
arabische Handel, der bisher den Norden mit den Gütern
einer südlichen Cultur versehen, versiegte mit dem Verfall
der arabischen Reiche; der byzantische Handel, der den
Landweg herauf nach Regensburg gegangen war, erlag

durch die lateinische Eroberung: der direkte Handel über
die Alpen und nach Süd-Frankreich nahm einen colossalen
Aufschwung. Die grosse Blüte Venedigs, der Alpenpässe, der
Rheinstrasse und Kölns begann nun. Neben dem Lokal-
handel erwuchs der Gewinn bringende Grosshandel, schnell
eine neue Klasse der Bevölkerung neben den Beamtenadel
in den Städten setzend, mit sehr viel grösserem Reichthum
und sehr viel geringerer Bildung als jene. Strassburg, das
1200 nach der Kolmarer Dominikaner-Chronik erst wenige
Kaufleute hatte. zählte 1266 allein 80 Hausgenossen oder
Geldwechsler. Der Geldverkehr nahm rasch zu; überall
begann man Dienste und Naturalabgaben in Geld zu ver-
wandeln.* Nach edeln und unedlen Metallen fing man an im
Schwarzwald und den Vogesen zu graben.** Die fremden
Produkte wurden im Lande nachgeahmt. neues da und dort
entdeckt und erfunden. Die schon erwähnte Kolmarer Chronik,
sowie die Beschreibung des Elsasses aus dem Jahre 1300***
verzeichnen eine Menge anschaulicher Züge in dieser Beziehung; man sieht aus denselben. wie lebendig die Menschen
jener Tage den Umschwung empfanden. Sie erzählen. wie
dürftig Mauern und Kirchen noch 1200 in Strassburg gewesen, wie klein und ärmlich die meisten Häuser, wie licht-
und fensterarm die wenigen bessern Gebäude gewesen, wie
man nun aber in all dem weiter gekommen. das Bauen mit
Gyps gelernt, den man zuerst in Dürkheim 1290 gefunden
habe; sie erzählen mit Verwunderung von der steigenden

---

* Speciellor habe ich diese Frage nur auf Grund einiger nord-
deutschen Urkundenbücher verfolgt und bin hiedurch zu diesem Resultat
gekommen. Roscher, Nationalök. des Ackerbaus § 117, Anm. 2. spricht
nur davon, dass es in Italien vorgekommen.

** Vergleiche darüber, speciell z. B. über den Bergbau im Münster-
thal und die Thatsache, dass besonders die Städte es sind, die gegen
1300 mit ihrem Kapital den Bergbau in die Hand nahmen: Trenkle,
Geschichte der Schwarzwälder Industrie (1874). Auch die *Annales
Basilienses* haben hierüber Notizen: *Scriptores* XVII. S. 201.

*** Beide stehen bekanntlich von Jaffé herausgegeben in dem
Bd. XVII. der *Scriptores, Mon. Germ.*

Kleiderpracht der Fürsten und Edeln, von einem Hute,
der mehrere Mark, von einem Gürtel, der 40 Mark Silber
gekostet, von dem Tage, da man zuerst am Rhein griechischen
und cyprischen Wein gekostet, von den grossen Wachskerzen
und d.m steigenden Glanz des Cultus. Sie erzählen von der
früheren Unwissenheit der Minoriten. von dem, was sie jetzt
in Paris gelernt, und wie sie nunmehr den Bauern ganz andern
Rath ertheilen könnten; sie erzählen, wie es früher an Aerzten
und Wundärzten gemangelt, wie gering die Zahl der Juden
gewesen. die nun mit ihren Geldgeschäften mächtig gewachsen.
Sie erzählen, wie unfruchtbar das Land noch 1200 durch
den grossen Umfang der Wälder gewesen, wie diese seither
abgenommen, wie man besser zu wirthschaften z. B. zu
mergeln gelernt, wie man zahllose neue Geflügel-, neue Obst-,
neue Gemüse- und Rebenarten ins Land gebracht.* Sie erzählen von neuen Geräthen und Hauseinrichtungen, von
neuen Netzen, mit denen man viel mehr Fische gefangen,**
von der Erfindung des 1283 verstorbenen Schlettstadter Töpfers
die Thongefässe zu glaciren, von der zunehmenden Zahl der
Wagen und Karren. die früher fast noch ganz gefehlt, die man
später wie in Schwaben mit Eisen beschlagen habe, sie erzählen,
dass die Bürger der Stadt Strassburg 1287 2000 Pferde gehabt hätten.*** dass man in Strassburg 1292 durch verschie-
dene Strassen Wasserkanäle geleitet. Später verglich man
die Stadt ja desswegen mit Venedig. Meister im Handwerk
— heisst es weiter — gab es 1300 noch wenige, die Kunst

---

* *Solum genus parvarum gallinarum habebatur; postea vero gallinae*
barbatae, cristatae, sine caudis, magnae crocris pedibus per peregrinos de
remotis partibus portabantur. Solum genus columbarum et balumbarum
ridebatur; columbae vero Grece, que habebant pennas in pedibus, et alia
plura genera postea sunt in Alsatium deportati. Vasianas quidem
clericus de transmarinis partibus apportabat. Ursi albi, sperioli albi,
lepores albi, ericii marini cameli, leones et diversa genera arborum et di-
versa genera herbarum et olerum et vincarum, cucumerum et olerum
specierum, restium, peplorum, instrumenta diversarum artium postea in
Alsatium deportata fuerant.

** Diese Notiz steht in den *Annales Basilienses.*

*** *Consules Argentinenses circa suos equos habere duo milia prece-*
pere. Die Zahl ist sicher weit übertrieben.

der Handwerker war gering, aber später kamen sie viel weiter.
Das Wesentlichste vielleicht war, dass damals alle höhere Kunst
und Technik von den Klöstern auf die Laien überging.
Damals erstand der weltliche Steinmetz und Glockengiesser,
der weltliche Bildschnitzer und Maler. Die Arbeitstheilung
machte Fortschritte aller Art; der städtische Handwerker
konnte nun erst ganz von seinem Handwerk leben, und bereits trennte sich weiter der Schuster vom Gerber, der Grob-
vom Waffenschmied; die Gärtnerei wurde ein städtisches
Gewerbe. In einzelnen Branchen erreichte die Technik gegen
1300 eine Virtuosität, die seither nie wieder übertroffen
wurde. Man denke nur wieder an den Münsterbau. Die
Bauthätigkeit Strassburgs muss im ganzen 13. und in der
ersten Zeit des 14. Jahrhunderts eine enorme gewesen sein;
die zahlreichen neuen Stadtmauern, die zahlreichen Klöster und
Kirchen, die Pfalz oder das Rathhaus bei St. Martin, der
Pfennigthurm und Anderes fallen in diese Epoche.

Und damit komme ich zum letzten und klarsten Ausdruck
jener volkswirthschaftlichen Revolution; zur Bevölkerungs-
zunahme jener Tage. Die Zeit, die soviel Menschenleben
für die Kreuz- und Römerzüge, für die Fehden und die Colonisation des deutschen Ostens verbrauchte, konnte noch so
viel neue Dörfer auf den Höhen, so viel neue Städte im
Thale gründen und gross ziehen, sie konnte daneben die be-
stehenden Städte noch so vergrössern. Nirgends drängten
sich die Städte dichter, als im Elsass; immer neue wurden
gegründet und blühten rasch empor; ich erinnere nur an
Hagenau, Schlettstadt, Kolmar; Herr Albin Wölflin, Friedrichs II. reichbegabter Vogt, ist ein wahrer Städtegründer
für das Elsass geworden, wie man überhaupt sagen kann,
dass im 13. Jahrhundert die Fürsten allerwärts einen Haupt-
theil ihrer Energie und ihrer Mittel zur Städtegründung ver-
wendeten; reichlich lohnten es die wachsenden Geldsteuern;
kein ländliches Gebiet wollte des nahen Marktes mehr ent-
behren; verführerisch wirkte das Beispiel der grösseren Städte;
in Kolmar wurden in einem Jahre 40 neue Häuser gebaut, und
100 restaurirt, in einem andern das Holz zu 600 neuen angewiesen;

wie blühte vollends Strassburg auf! Es war wie eine Völkerwanderung vom platten Lande nach den Städten; dort winkte
die persönliche Freiheit, die neue Art der Lebensgenüsse,
tausend Möglichkeiten des 'Erwerbs und Gewinns, die auf
dem Lande fehlten. Es begann die eigene Sitte, dass die
Landleute selbst von weither in der Stadt wohnen wollten,
nur zur Ernte und Bestellung aufs Land gingen. Wurde
man dadurch, dass man nach Strassburg zog, doch gegenüber
allen anderen Landesherrschaften steuerfrei. Die Frage der
Ausbürger ist von 1300 ab eine der brennendsten für Strassburg.* Aber nicht blos der einfache Landmann handelte so,
auch der Adel und die Klöster kauften sich gerne in der
Stadt an, um ihre Produkte besser abzusetzen und an dem
neuen Reize des städtischen Lebens theilzunehmen.

Die Alt- und Neustadt Strassburg umfasste gegen die
Mitte des 12. Jahrhunderts einen Raum, der verglichen
mit der heute darauf sitzenden Bevölkerung von etwa 30,000
Seelen damals gewiss nicht über 4—5000 Seelen fasste.
Man darf nämlich dabei nicht vergessen, dass die meisten
damaligen Häuser einstöckige Holzgebäude waren, dass fast
jedes Haus mit Stall und Scheune versehen war, dass der
bischöfliche Frohnhof, die Klöster und Stiftshöfe alle auf eine
grosse Naturalverwaltung eingerichtet waren. Nun begann
aber die grosse Aenderung. Man fing an, ebensosehr in
die Höhe als in die Breite zu bauen. Das erstere lässt sich
nicht mehr verfolgen, wohl aber das leztere. Gegen 1200
erfolgt die Erweiterung nach Norden vom Weinmarkt, der
Meissengasse und dem Broglieplatz bis an den heutigen Kanal;
ich möchte für 1200 mindestens schon eine Bevölkerung von
10,000 Seelen oder noch mehr annehmen. Im Jahre 1228 beginnt
die Hereinziehung der südlichen und südöstlichen Vorstädte
in die Stadt bis zum Elisabeth-Spital und Metzgerthor. In
den ersten Jahrzehnten des 14. Jahrhunderts beginnen die

---

* Es ist das eine der wichtigsten und eigenthümlichsten Fragen
in Bezug auf das mittelalterliche Städtewesen; für Strassburgs Geschichte sind die Abhandlungen Wenckers über Pfahlbürger, Ausbürger
etc. (collectanea juris publici, Argent. 1702) ja eines der wichtigsten
Quellenwerke geworden.

Bauten im Norden und Nordwesten über dem heutigen Kanal, im Osten in der Krutenau. In die Stadtmauer hereingezogen wurden diese Theile erst gegen Ende des 14. Jahrhunderts; es ist dabei aber überliefert, dass besonders im Nordwesten viel mehr Gartenland als bebaute Fläche ummauert wurde.* Es ist also in der Hauptsache nicht unrichtig, wenn wir sagen, die mit Wohnhäusern bebaute Fläche Strassburgs habe seit Anfang des 14. Jahrhunderts bis ins 19. nicht sehr wesentlich zugenommen.

Strassburg, das gegen 1150 noch eine kleine Ackerstadt von einigen tausend Seelen gewesen war, zählte nun in den ersten Jahrzehnten des 14. Jahrhunderts unter den ersten Städten im Reich. Wahrscheinlich war nur Köln grösser. Wir können die Bevölkerung in ihrem Höhepunkt auf etwa 50,000 Seelen** schätzen. Und diese Zunahme war erfolgt trotz zahlreicher verheerender Brände, trotz mancher Krankheiten und Hungersnöthe, die auch damals nicht fehlten,

---

* Für diese Fragen ist wohl auch heute noch Silbermann, Lokalgeschichte der Stadt Strassburg (1775, fol.) der beste Anhalt.

** Arnold noch schätzt in seiner Geschichte der Freistädte Strassburg wie Mainz zu 90,000 Seelen, Köln zu 120,000, Worms und Speier zu 60,000, Basel zu 50,000 im Moment der höchsten Blüte. Den Zeitpunkt derselben setzt er für Worms auf 1270, für Speier und Köln auf 1300, für Mainz, Basel und Strassburg etwas später. Seit aber Häusler nachgewiesen, dass Basel zur Zeit seiner höchsten Blüthe nie über 25,000, Ennen bewiesen, dass Köln im 16. Jahrhundert bei 7279 Häusern höchstens 60,000 Seelen, im 13. Jahrhundert aber nur 6000 Häuser hatte ; seit Kirchhoff den Beweis geliefert, dass Erfurts mittelalterliche Einwohner sich auf höchstens 32,000 reduciren; seit Hegel gezeigt, dass Nürnberg 1448 nur etwas über 20,000 Seelen hatte u. s. w. — ist es gewiss gerechtfertigt, wenn ich bei obiger Annahme stehen bleibe. Fabeln wie die, dass Köln sogar mehrere hunderttausend Einwohner im 13. Jahrhundert gehabt, sollte man doch heute nicht mehr wiederholen. Dass auch meine Zahlen nichts anderes sind als Schätzungen, für die ich einen gewissen Grad von Wahrscheinlichkeit beanspruche, wiederhole ich hier nochmals ausdrücklich, obwohl ich es bereits durch die Form, in der ich sie angeführt, angedeutet. Ich halte solche Schätzungen aber nicht nur für berechtigt, sondern für nothwendig, um zu irgend welchen Schlüssen in Fragen der Cultur, des Rechts, der Volkswirthschaft zu kommen, wie ich schon oben einmal erwähnt.

war erfolgt in anderthalb Jahrhunderten, während das 15. und 16.
Jahrhundert kaum eine wesentliche Vergrösserung der Stadt
brachte, das 17. aber Strassburg mit 22,121 Menschen an
Frankreich übergab (1681).*

Diese rasche Zunahme der Stadt wäre nun auch unbegreiflich, wenn nicht zu den wirthschaftlichen politische Ursachen gekommen wären, die in gleicher Richtung thätig
waren. Worin bestehen sie?

Man pflegt die politische Veränderung, die sich damals
in den Bischofsstädten vollzog, mit dem allgemeinen politischen
Satze zu erklären, dass jede wohlhabend und mündig ge-
wordene Klasse der Gesellschaft ihren Antheil am Regiment
fordere, die Bevormundung von oben abwerfe; so komme es,
dass Patricier und Kaufleute erst den Bischof und dann die
Handwerker diese wiederum verdrängt hätten. An dieser
Theorie ist etwas Wahres; aber sie ist viel zu allgemein, um die
concrete Art richtig wiederzugeben, wie der historische Process sich gerade damals, gerade in den Bischofsstädten,
speciell in Strassburg, vollzog.

Der erste Gegensatz, der sich in Strassburg, wie in
den anderen Bischofsstädten zeigte, war nicht der zwischen
dem Bischof und den Kaufleuten und Grundbesitzern, sondern
der zwischen ihm und dem Theil seiner Ministerialen, die
die Stadt verwalteten. Der Bischof sah in der Stadt eine
seiner Domänen; er wollte hier so wenig wie auf dem Lande
von dem alten Verwaltungssystem, von den Naturalsteuern
und Diensten lassen; er sah in dem Kampf der Einwohner-

---

* Diese Zahl, über welche mir von Kennern der Strassburger Geschichte Zweifel geäussert sind, findet sich bei Heitz das Zunftwesen
in Strassburg (1856) S 80 angegeben. Hermann sagt in den notices
hist. sur la ville de Strasbourg (II, 87), die Stadt habe 1681 jedenfalls
weniger als 35,000 Seelen gezählt, einige hundert Familien seien aus-
gewandert; 1691 habe man 3295 Bürger und 1184 Schirmer (d. h. wohl
Schutzbefohlene) gezählt ohne das Militär und die Beamten der
Intendanz; das gibt wieder etwa 20,000 Seelen, die Familie zu 4—5
Personen gerechnet. Im Jahre 1700 zählte man freilich wieder 32.510
wahrscheinlich inclusive des Militärs. Im Jahre 1789 zählte man bekanntlich 49,048 Seelen.

schaft hiegegen eine Auflehnung gegen sein gutes Recht
und gegen seine finanzielle Leistungsfähigkeit. Anders die
städtischen Ministerialen, die mit den Interessen der Stadt
verwachsen. hier angesessen. mit der wohlhabenden Bürgerschaft verschwägert waren, die mit den Geschäften der
Stadtverwaltung ganz anders vertraut waren. Sie lernten
die neue Zeit und ihre Bedürfnisse verstehen. sie sahen ein,
dass das alte Verwaltungssystém unhaltbar sei, dass die
Lasten des Hofrechts, die ganze Naturaldienstverfassung beseitigt. ein Geldsteuersytem* in der Hauptsache an die Stelle
gesetzt werden müsse.

Sie vermittelten also zwischen Bischof und Einwohner-
schaft; sie nahmen sich dieser und jener Frage an, suchten
zweckentsprechende neue Einrichtungen zu treffen, natürlich
zunächst ausseramtlich: ihre alten Amtsaufträge waren ja
nur für eine Ackerstadt mit Localverkehr zugeschnitten:
um so nahe liegender war es, angesehenere Bürger zuzuziehen
und um Rath zu fragen. Fünfzig und mehr Jahre mag man
sich so halb formlos, halb durch die Autorität von Schultheiss und Burggraf gedeckt geholfen haben; zuletzt wurde
aus einem Organe der geduldeten Selbsthülfe ein Amtsorgan, der
collegialische Stadtrath, der gegen 1200 in Strassburg bereits

---

* Nitzsch führt (Preuss. Jahrb. XXX. S. 356), wie mir scheint,
in sehr schlagender Weise aus, dass auch für das Reich die Zeit der
Geldwirthschaft und der Geldsteuern gekommen war, dass schon unter
den drei ersten Staufern nur in Folge besonders glücklicher Umstände
die alte Naturalwirthschaft, die alte Verbindung von Reichsgut und
Kirchengut sich nochmals nach schweren inneren Kämpfen hatte halten
lassen, dass aber nach 1200 mit dem Wachsthum der Städte, der Un-
botmässigkeit der Bischöfe, mit der Verschleuderung des staufischen
Hausbesitzes durch Philipp von Schwaben, mit der zunehmenden Reni-
tenz der Ministerialen in feudaler Weise nur noch ein allgemeines
Geldsteuersystem der Reichsregierung neue Kraft geben konnte; er
zeigt, wie dieser Gedanke unter Otto IV angeregt, vom Erzbischof von
Mainz als zündender Funke und Haupthebel der Opposition gegen
diesen König ausgebeutet und wie Friedrich II. desshalb in die Unmöglich-
keit versetzt wurde, diesen einzig rettenden Reformgedanken, der ihm
nach der Organisation seines sicilischen Reichs so nahe liegen musste,
zu adoptiren.

vorhanden ist, 1214 bereits von Friedrich II. unter der Bedingung anerkannt wird. dass der Bischof zustimme.

Nicht um nothwendige Aenderungen im Gerichtswesen der Stadt handelte es sich also zunächst und zuerst, wie neuerdings auch Heusler* so richtig betont hat, sondern um neue Verwaltungseinrichtungen, um die Befriedigung der Bedürfnisse, die mit der Stadterweiterung, den neuen Zweigen des Grosshandels, der Industrie sich ergaben, um die Einrichtung neuer Steuern für die Stadt, um die wichtige Frage, wie die vor den Thoren liegende Gemeinweide sich gegenüber der Stadterweiterung und den noch immer ländlichen Wirthschaften der wachsenden Bevölkerung zu verhalten habe. Das alte Gerichtswesen blieb zunächst und reichte auch zur Noth aus — das Vogt-, das Schultheissen- und Burggrafengericht; aber das an die Domänenverwaltung angelehnte städtische Verwaltungssystem war unerträglich geworden, wie man auch daran sieht. dass bei der Neugründung von Städten gegen Ende des 12. Jahrhunderts entweder gar keine fürstliche Domänenverwaltung mehr in den Umkreis der Stadt hineingelegt wurde, wie bei Freiburg i. B. oder dass Stadt und Domänenverwaltung local strenge getrennt wurden wie in Hagenau.

Deutlich zeigt sich die grosse Verwaltungsthätigkeit des Stadtraths im zweiten Strassburger Stadtrecht,** das wenig über Verfassung und Privatrecht. manches über Strafrecht und Process, alles mögliche aber in Bezug auf städtischgewerbliche Einrichtungen und Anordnungen enthält. Es ist in die Jahre 1214—19 zu setzen. Da wird vor Allem der Weinhandel, das Marktwesen, der Vieh- und Fleischhandel, die Tuchweberei, der Schifffahrtsverkehr geordnet. da werden Bestimmungen über Natural- und Geldlöhnung, über Geschenke für die Gesellen, über Schweinehaltung in der Stadt

* Ursprung der Stadt-Verf. S. 220.

** Dasselbe ist neu gedruckt bei Grandidier, in seinen nachgelassenen Werken II, S. 187—215 (1865) mit einer deutschen Redaction v. 1270 und einer modernen französ. Uebersetzung Ueber die Zeitbestimmung siehe Hegel a. a. O. II. 928.

gegeben. Eine der wichtigsten privatrechtlichen Bestimmungen, nämlich Art. 26, der in bestimmten Fällen eine Haftbarkeit der Ehefrauen für die Schulden ihrer Männer anordnet, zeigt ebenfalls deutlich, wie sehr die wirthschaftliche Entwicklung der Stadt vorwärts ging, wie der Credit sich entwickelte; denn nur ein relativ entwickeltes Creditwesen fordert eine solche Haftbarkeit der Ehefrauen.

Auch später bildeten den Mittelpunkt der Streitigkeiten mit dem Bischof die neuen vom Rath eingeführten Geldsteuern und die Verfügung über die Gemeinweide, kurz die neue Verwaltungsorganisation innerhalb der Stadt, die dem Bischof gleichgültig oder gar verhasst war, die er nicht geschaffen hatte.

Freilich standen ihm die, welche sie in erster Linie geschaffen, in der alten Zeit noch nahe genug. Es waren seine Ministerialen, seine Hausgenossen, die den Kern der städtischen Nobilität gegen 1200 bildeten; es lässt sich das gerade in Strassburg unzweifelhaft nachweisen. Regelmässig sind der Schultheiss, der Burggraf, der Oberzoller in der älteren Zeit unter den 12 consules; ja der Schultheiss ist oft geradezu zugleich Vorsitzender der consules, wie sich umgekehrt einzelne Ministerialen in bischöflichen Urkunden mit Vorliebe als Bürgermeister „*magistri cirium*" bezeichnen.* Unter

---

* Hegel, Städtechroniken Strassburg I. S. 24 -27. Ich führe hier noch die charakteristischen Worte von Nitzsch an: „In der ersten Hälfte des 13. Jahrhunderts bildeten die Dienstmannen, bischöfliche, wie königliche immer noch die wichtigste, jedenfalls die massgebendste Schicht der oberrheinischen städtischen Bevölkerung. Die städtischen Aemter des Zöllners, Schultheissen, Münz- und Zunftmeisters stehen an ritterlichen Ehren den Hofämtern des Truchsess oder Schenken noch vollständig gleich. Alle bildeten immer noch für die Anschauung und Rechtsauffassung der Zeit die Gesammtheit der Aemter, nach denen des Kaisers und der Fürsten Dienst organisirt war. — Während der Kaufmann sich um den Schöffenstuhl am liebsten herumdrückte, bewegten sich diese grundbesitzenden Geschlechter auch ohne Eigen, in dem Gefühl ihrer Pflichten und Rechte mit der ganzen Sicherheit einer ererbten Amtstradition und dem Behagen, die unverkennbare Zunahme ihrer Zoll-, Münz- und Marktgefälle für ihre eigene Bedeutung verwerthen zu können.'

der Ministerialität allein befanden sich Leute, die einerseits so viel Ortskenntniss andererseits so viel weltmännische, politische und militärische Bildung hatten, um das aufstrebende Gemeinwesen so mustergiltig zu leiten. Unter ihnen waren grosse staatsmännische Traditionen; es waren wenn nicht dieselben Leute so doch dieselben Familien, die in Syrien und Sicilien gefochten, die im Rathe der Staufer gesessen, es waren die Leute, die einen Stadtschreiber wie den Dichter Gottfried haben konnten, die Leute, die in dem ritterlichen Tristan ihr Vorbild und Ideal sahen; es waren Leute, die ganz und nach allen Seiten auf der geistigen Höhe ihrer Zeit standen, ächte Zeitgenossen des grandiosesten der deutschen Könige Friedrichs II.

Ihre Doppelstellung als städtische Consules und bischöfliche Ministerialen erklärt es, warum die Bischöfe, besonders friedliche, wie Heinrich von Veringen und Heinrich von Stahleck, zeitweise in der zunehmenden Macht des Stadtraths nichts gefährliches sahen, sich ihrer wachsenden Zolleinnahmen und damit des Wachsthums der Stadt überhaupt freuten. Sie sahen im Stadtrath ihr Organ; sie bemerkten nicht, wie mit jedem Tag diese Ministerialen mehr städtisch als bischöflich gesinnt wurden, wie sie mit den wohlhabenden Bürgern in ein Corpus verschmolzen, wie Stadt und Episcopat täglich weiter auseinander gingen.

Jeder Conflict freilich, vor allem die Versuche des Raths, jede Einmischung des Bischofs in seine Zusammensetzung und Ergänzung zu entfernen, musste die Bischöfe daran erinnern, dass die alte Zeit vorbei sei; streitlustige gewaltige Naturen, wie Walther von Geroldseck, nahmen dann den Kampf auf und geschärft wurde er seit langer Zeit dadurch, dass bei den kirchlich-politischen Kämpfen der Bischof in der Regel auf päpstlicher, die Bürgerschaft auf kaiserlicher Seite stand.

In solchen Tagen waren günstige kaiserliche Privilegien, die hofrechtliche Lasten beseitigten, dem Stadtrath weitere Rechte einräumten, unschwer zu erlangen. Das erste kaiserliche Privilegium für die Bürger Strassburgs ist das von Hein-

rich V.*, das die bischöfliche Naturalweinsteuer, die während
der Dauer mehrerer Monate jährlich von jedem Karren
Wein ein Ohm für die grossen Bedürfnisse des bischöflichen
Frohnhofs forderte, auf 6 Wochen beschränkte. Der Weinhandel durchbrach zuerst in Strassburg die alte Fessel des
Naturalsteuersystems. Nachdem der Weinhandel befreit war,
trug man für einige Zeit in Strassburg die übrigen Lasten
des bischöflichen Frohnhofes wieder leichter. Denn „Vineta
et narigia". galten damals wie durchs ganze 13. Jahrhundert
als die Säulen städtischen Wohlstandes. Der grösste Zweig
des kölnischen Handels war der mit Elsässer Wein. Nicht
umsonst preist bereits [der lateinische Dichter des 9. Jahrhunderts die Strassburger. dass sie nicht allen heimischen
Wein selbst trinken müssten; sonst, meint er, sähe es schlimm
in der Stadt aus:

gens animosa armis vinoque sepulta jaceret,
vix in tam magna urbe maneret homo.

Diesem Privilegium folgten später andere. Die Kaiser
mochten zugleich fühlen, dass die Bischöfe in den Städten ein
veraltetes Verwaltungssystem aufrecht erhalten, die städtischen
Räthe dagegen ein gesundes neues System schaffen wollten;
sie hofften zugleich die Städte direct an sich mit Umgehung
des Bischofs zu knüpfen, Geldsteuern und andere Hülfe
von ihnen zu erhalten. Fast in jedem der kaiserlichen Privilegien für Strassburg wird als Grund derselben angegeben,
dass der Kaiser die Stadt mit allein ihrem Zubehör *ad*
*speciale obsequium imperii*** reservire. Freilich hinderte das
nicht, dass die Stadt später das Recht in Anspruch nahm,
nicht einmal die gewöhnlichen Steuern der kaiserlichen
Reichsstädte zu zahlen.

Vorübergehend war allerdings die kaiserliche Politik
gegenüber den Städten eine andere. Wenn die Kaiser die
Hülfe der Bischöfe brauchten und sich mit ihnen versöhnt hatten,

---

* Die Urkunde ist von 1119 bei Schöpflin, Alsatia diplom. I.,
193 Nr. 245 abgedruckt.

** Vergl. z. B. das Privilegium Rudolfs von Habsburg vom
8. Dez. 1275. Alsat. diplom. II., 10 Nr. 701.

so mussten sie ihnen zu Willen sein, so konnte ihnen auch
der Gesichtspunkt für den Erlass raths- und städtefeind-
licher Gesetze vorgestellt und dadurch derartige Massregeln
plausibel gemacht werden, dass die alte Kraft der Reichsregierung auf dem Dienst der Bischöfe, dieser selbst aber mit
auf der alten hofrechtlichen Verfassung der Städte ruhe.
Friedrich II. stellte sich bekanntlich im Anfang seiner Regierung auf diesen Standpunkt, während er später um so
eifriger die Selbständigkeit der städtischen Räthe gegenüber
den Bischöfen beförderte, wie das auch Strassburg erfahren
hat. Er erkennt schon 1219 den Strassburger Stadtrath unbedingt an.

Und von nun an hat dieser seine Stellung als Herr der
Stadt, als Nachfolger des Bischofs immer sicherer befestigt.
Das zweite Stadtrecht aus eben dieser Zeit, von Bischof, Vogt
und den angesehensten Bürgern erlassen, überträgt dem Rath
bereits eine mit den bischöflichen Gerichten concurrirende Juris-
diction. Im dritten Stadtrecht* aus den Jahren 1244—60,
das eine bessere Justiz gegen die Ausschreitungen des städtischen Patriciats herbeiführen will, sind der Bischof, das Dom-
capitel und die Ministerialen noch neben dem Stadtrath und
den weisesten und besten der Bürger als gesetzgebende Fac-
toren genannt. Nach dem dreijährigen Kampfe mit Walther
von Geroldseck 1260—63 aber wird das Recht Einungen
und Satzungen um der Stadt Noth willen zu machen ganz
den Bürgern übertragen: die Gemeinweide wird vom Bischof
ganz an den Rath abgetreten, die Weinnaturalsteuer war
schon früher ganz beseitigt worden; die alten bischöflichen
Stadtämter muss der Bischof theilweise versprechen an Bürger,
nicht an Ministerialen zu vergeben. Man fürchtete dabei
offenbar die Einschiebung von bischöflichen Beamten vom
Lande, von solchen, die im Gegensatz zur städtischen Nobilität
standen. Die Ministerialen als solche treten so wie so nun rasch
in den Hintergrund. Bald nach 1300 war auch die Münze

---

* Aus Grandidiers Nachlass von Mayer herausgegeben in Mones
Anzeiger für die Kunde deutscher Vorzeit Bd. VI, S. 23—28; ausserdem bei Gaupp, Stadtrechte I., 80—89.

im Besitz der Stadt. Wesentliche Rechte übte der Bischof nicht mehr in derselben aus.

Die Stadt ist nun eine freie kaiserliche Reichsstadt, sie hat die staatlichen Hoheitsrechte erworben; selbst den deutschen Königen steht sie als eine ebenbürtige Macht zur Seite; Niemand steuert sie als dem Kaiser, wenn er nach Rom fährt; ja die zahlreichen Besitzungen ihrer Büger und Ausbürger dürfen, wo sie liegen, nirgends von irgend einer anderen Herrschaft besteuert werden. Alle wirthschaftliche Kraft kann sich nach Innen wenden und der volkswirthschaftliche Aufschwung bis zur Zunftrevolution ist theilweise gewiss Folge dieser selten privilegirten wirthschaftlichen Stellung, wie das ausserordentlich gesteigerte Selbstgefühl der Bürgerschaft seit dem Siege über den Bischof die rasche wirthschaftliche Blüte unzweifelhaft gefördert hat. —

Ich bin am Ende meiner Betrachtungen angelangt. Mein Zweck war Ihnen zu zeigen, dass die Rheinstrasse und die Lage im Centrum der reichen oberrheinischen Tiefebene die erste Voraussetzung, die volkswirthschaftliche Revolution des 13. Jahrhunderts die zweite für das Aufblühen Strassburgs war, dass aber ebenso sehr zwei andere politische Ursachen mitspielten: die Thatsache, dass in der Hohenstaufenzeit diese oberrheinische Tiefebene der Mittelpunkt des deutschen Reichs war, und dass der Uebergang von der Land- und Ackerstadt zur Grosstadt, von der bischöflichen zur freien Reichsstadt sich vollzog unter der Leitung eines Beamtenadels, der mit der grossen Schule des öffentlichen Dienstes unter den grössten deutschen Kaisern zusammenhing: das deutsche Reich mit seinen besten Institutionen hat Pathe gestanden bei dem Eintritte Strassburgs in die Reihe der Grossstädte.

Noch Jahrhunderte lang behielt man hievon in Strassburg eine lebendige Erinnerung. Man war noch lange gut kaiserlich, gut deutsch in Strassburg gesinnt; aber der factische Zusammenhang zwischen Stadt- und Reichsregierung, zwischen städtischem und Reichsbeamtenthum hatte sich schon im 13. Jahrhundert gelöst. Die Stadt war, — wie andere locale Herrlichkeiten — ein selbständiges Territorium geworden,

4

das dem Reiche autonom gegenüberstand. d. h. das eine
Anzahl souveräner Rechte besass, die eigentlich dem Reiche
gebührten. In der grossen sturmbewegten Zeit des 1.5.
Jahrhunderts, in dem unerhörten Wechsel aller volkswirthschaftlichen Verhältnisse, in dem Uebergang von der Natural-
zur Geldwirthschaft war es dem deutschen Reiche nicht
beschieden, den Mann zu finden, der alle die kleinen autonomen
Kreise, die Territorien und die Städte wieder zu einer einheit-
lichen Staatsorganisation verknüpfté. Aller Jammer Deutschlands in fünf langen Jahrhunderten ist hieraus entsprungen.
Hier aber möchte ich nur noch daran erinnern, dass
man von einem allgemeinen Standpunkt aus die Erkämpfung
der Autonomie und Reichsfreiheit, wenn sie auch zunächst
äusserlich die Blüte der Stadt förderte, nicht unbedingt
preisen darf. Die Selbstherrlichheit der Reichsstädte war dem
Reiche so schädlich als die Selbstherrlichkeit der Fürsten.
Sie hat auch innerhalb der Städte, auch innerhalb Strassburgs auf die Dauer nicht günstig gewirkt.
Schon in der Mitte des 13. Jahrhunderts beginnt die
regierende Stadtaristokratie etwas ganz anderes zu werden
als vorher; das 3. Stadtrecht* und der Brief des Bischofs an
die Zünfte von 1261** zeigen deutlich, wie die Missbräuche,

---

* Das Motiv der Erlassung gibt die Einleitung mit den Worten:
*quod temporibus Venerabilis domini Heinrici de stahlecke episcopi Ar-
gentinensis ortae fuerunt tante indiscipline et injurie et oppressiones
mulierum et pauperum in civitate argentinensi, quod idem dominus
episcopus imputarit consulibus et ceteris ciribus majoribus excessus suos
in hoc et negligentiam judicis.*
** Es ist bei Strobel, Geschichte des Elsasses II. S. 9—12 (2. Ausgabe) abgedruckt. Es wird da den Adeligen vorgeworfen, dass die
Almende den Armen entzogen und unter die Reichen getheilt werde,
dass sie ungestraft Nothzucht, Todtschlag und Hausfriedensbruch
gegenüber den Armen sich erlaubten. Er der Bischof habe arm und
reich gleichmässig geschworen, er wisse, dass die Handwerksmeister
Friede und Gnade gerne sehen, dass ihnen der Unfug leid sei. Auch
gegen die Steuern sei der Bischof nur, wenn er sehe, dass damit aus-
schliesslich der gemeine Bürger gearmert, und die Gewaltigen gereichert
würden. Zweifelsohne war dieser bischöfliche Brief eine demagogische
Denunciationsschrift, die übertrieb; aber deutlich zeigt sie die Anfänge
der Missbildung, die zur Zunftrevolution führte.

die dann 1332 zur Zunftrevolution und 1419* zum Auszug
des grösseren Theils des Strassburger Adels führten. schon
damals begonnen hatten. Aus einem Beamtenadel. der Füh-
lung mit Kaiser und Reich hatte, der mit wirklicher Ge-
schäftserfahrnng ein lebendiges Bewusstsein seiner Pflichten
verband, wurde im Laufe des 13. und 14. Jahrhunderts
ein Stadtjunkerthum, das halb an die ländliche Ritterschaft
angelehnt das Rauf- und Turnierwesen als Lebensaufgabe
betrachtete. halb aus den schnell reich gewordenen Geld-
wechslern und Grosshändlern sich ergänzend** nur die Interessen
eines kurzsichtigen Geldadels kannte; es war eine Nobilität,
die viel Rechte und viel Genuss forderte bei wenig Pflichten,
die den Handwerker prügelte, wenn er Geld forderte, die
Scharwächter, wenn sie nächtliche Ruhe und Ordnung geboten;
die durch die immer wieder verbotene Muntmannschaft die
unteren Klassen der Stadt in eine neue Leibeigenschaft
zurückführen wollte. die der Statt Gut in ihren Nutzen ver-
wendete und in der Leitung der äusseren Stadtpolitik viel
Geschicklichkeit und Klugheit im Einzelnen, aber doch nicht
den grossen Sinn des weitblickenden Staatsmannes im Ganzen
zeigte. Nicht umsonst wird schon im 13. Jahrhundert über
die Abnahme der Bildung. den Rückgang der Dichtkunst und
feineren Lebensart geklagt.*** Die damalige volkswirthschaftliche Revolution erzeugte, wie immer wenn in solcher Zeit nicht
ein lebendiges Staatsgefühl und andere ideale Potenzen ent-
gegenwirken. eine materialistische Genusssucht, eine Neigung
zu Uebermuth und Frivolität. zu Druck und wirthschaftlicher

---

* Merkwürdige Streiflichter auf die sozialen Zustände jener Tage
wirft die Aufzählung der von dem Adel 1406—19 in Strassburg be-
gangenen Gewaltthätigkeiten, die Schilter in seiner Ausgabe der Königshofener Chronik S. 817 ff. abgedruckt hat.

** Wie zahlreiche neue Elemente in das Strassburger Patriciat in
der zweiten Hälfte des 13. Jahrhunderts eintraten, sieht man aus
mehrfachen Notizen. So heisst es in der Colmarer Chronik: 1281 *multi*
ignobiles facti milites in Argentina; 1298 *Venerabilis Dominus de*
Lichtenberg, Argentinensis episcopus fecerat hoc anno ante festum sancti
Michaelis milites, quos omnes restituit etc.

*** Vergl. Koberstein, Grundriss der Geschichte der deutschen
Nationallitteratur (4. Aufl.) Bd. I., S. 113.

Ausnutzung der aristokratischen Vorrechte. Das Missbehagen der mittleren und unteren Stände, die bei dem Umschwung nicht so viel oder gar nichts gewonnen, wurde dadurch zeitweise bis zu jener Leidenschaft gesteigert, die wir in den Zunftrevolutionen, den Massenhinrichtungen oder Austreibungen bald der Patricier, bald der Zünftler, endlich in den grässlichen Judenermordungen und Beraubungen mit elementarer Gewalt zu Tage treten sehen. Jeder Unparteiische wird noch heute auf der Seite der gegen unerträgliche Missbräuche sich erhebenden Zünfte stehen, besonders wenn sie sich so massvoll benehmen wie 1332 in Strassburg. Aber er wird sich auch nicht verhehlen, dass die Zünfte, weil sie mit Gewalt ins Regiment drangen, weil sie die Fähigkeit zu regieren überhaupt nur in geringem Grade besassen, von Anfang an oder bald nachher selbst wieder in Ausschreitungen und Missbräuche verfielen. Der Unparteiische wird nur sagen: da die regierende Aristokratie sich so sehr in eine missbräuchliche Klassenherrschaft verwandelt hatte, da keine Staatsgewalt existirte, die von oben herab hier Hülfe und Reform bringen konnte, war zunächst die Zunftrevolution unvermeidlich; sie hat, wo sie relativ Maas hielt, wie in Strassburg, zunächst gut gewirkt; die spätere gemischte Verfassung Strassburgs war in ihrer Art ja ein Meisterstück. Eines aber konnte sie nicht ersetzen, eine lebendige gesetzlich geregelte Wechselwirkung mit einem grossen Ganzen, die Einfügung der Stadt in den Zusammenhang eines ganzen Landes oder Reiches. Die Isolirung war es, die die Stadt verknöchern und verkümmern liess, bis sie französisch wurde.

Ich hoffe mit diesem Urtheil selbst denen nicht zu nahe zu treten, die noch heute die Verknüpfung der Geschicke dieses Landes mit dem deutschen Reiche bedauern: denn ihre Sympathie ruht ja auf der Empfindung, dass diese Stadt und dieses Land der Verknüpfung mit einem grösseren Ganzen bedurft habe und durch den Anschluss an den bis vor kurzer Zeit leitenden Staat Europas ausserordentlich gewonnen habe.

Hoffen wir, dass in nicht allzu langer Zeit diese ganze Stadt und dieses ganze Land wieder von dem Gefühle be-

lebt werde, das einen kleinen Kreis Gebildeter und einen Theil
der untern nicht französisch redenden Klassen nie ganz verlassen hat, dass für Deutsche der Anschluss und die Einfügung
in das deutsche Reich mit Bewahrung der Selbständigkeit, die
im modernen Staat für die Landschaft, für die einzelnen
Kreise und Communen möglich ist, das richtige sei. Hoffen
wir, dass der spätere Historiker in die Annalen der Geschichte
dieses Landes die Bemerkung wird eintragen dürfen: die
deutsche Universität mit ihrem aus alten und neuen Elsässern
zusammengesetzten Lehrkörper hat ihre Aufgabe begriffen;
sie hat an ihrem Theil redlich mitgewirkt zur Versöhnung
der Parteien; sie hat Verständniss gezeigt für die Eigenart
des Landes, sie hat aber vor Allem dadurch sich ihrer Aufgabe gewachsen gezeigt, dass sie gekämpft hat im Dienste
der Wahrheit und der Erkenntniss, die über der Scheidewand
der Parteien, über der Scheidewand der Nationen und Con-
fessionen steht.

Lassen Sie uns mit dieser Hoffnung, meine Herren Col-
legen, an die Arbeit des neuen Semesters gehen, mit dieser
Hoffnung der Studentenschaft entgegentreten, die zahlreicher
als je sich in diesem Semester eingefunden hat, — der ich
als antretender Rector zum Schlusse ein freudiges Willkommen
zurufe.

Buchdruckerei von O. Otto in Darmstadt

www.ingramcontent.com/pod-product-compliance
Lightning Source LLC
Chambersburg PA
CBHW031816090426

42739CB00008B/1295